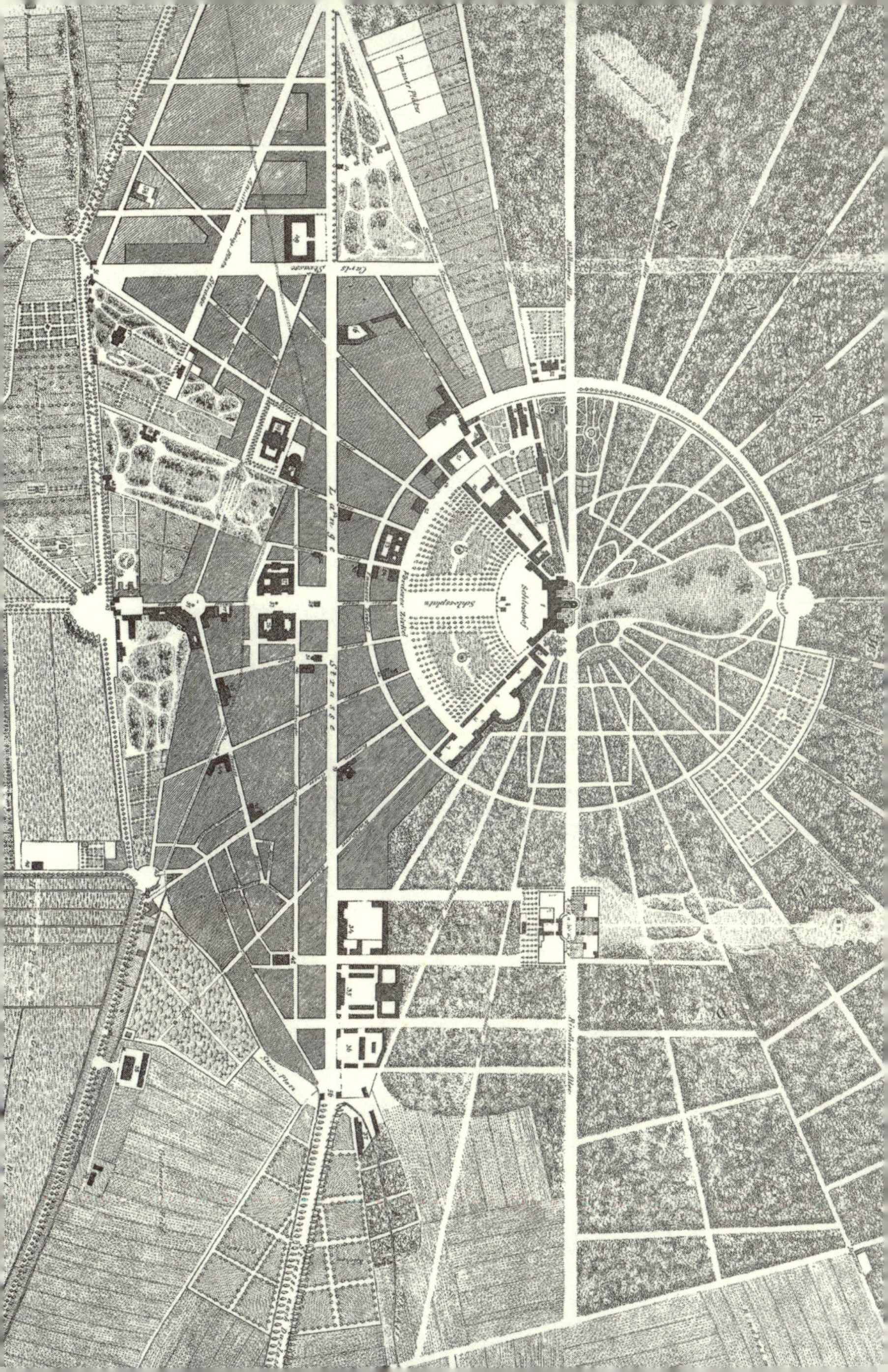

Lange Strasse
Schlossplatz
Schlosshof
Carls Strasse
Vorderer Zirkel

Kleine Geschichte der Stadt KARLSRUHE

Georg Patzer

G. Braun Buchverlag

G. BRAUN BUCHVERLAG
Karlsruhe
www.gbraun-buchverlag.de

Satz: post scriptum, Emmendingen / Hinterzarten
Gesamtherstellung: Karl Weinbrenner & Söhne
GmbH & Co. KG, Leinfelden-Echterdingen

Bildnachweis:
Archiv G. Braun Buchverlag, Karlsruhe: 8, 11, 14, 29, 34, 54, 59, 60, 61, 63, 68, 73, 147, 157, 171, 174, 176
Generallandesarchiv Karlsruhe: 50 (J-N-K / 6), 89 (J-B Karlsruhe / 12), 113 (69 Baden Slg. 1995 F1 / 1369)
Stadtarchiv Karlsruhe: 69, 81, 102, 122, 125, 129, 131, 138, 156, 164, 177, 193, 200

ISBN 3-7650-8322-4

Inhaltsverzeichnis

Die Stadtgründung

Er hatte einen Traum. Er träumte von einer Stadt, fächerförmig angelegt, mit Strahlen nach allen Seiten, im Mittelpunkt sein Schloss. Nach einer langen Jagd hatte sich Markgraf Carl Wilhelm von Baden-Durlach mitten im Hardtwald schlafen gelegt. Als er aufgewacht war, wusste er: Diesen Traum musste er verwirklichen. So wurde Karlsruhe gegründet, die »Fächerstadt«.

So will es die Legende. Die Realität sah etwas anders aus. Baden-Durlach war, wie so viele andere Länder, ein kleines Gebiet. Bereits 1711 hatte Carl Wilhelm geplant, durch den Bau einer Vorstadt seine Residenz zu vergrößern. Aber es herrschte Krieg, die Familie war nach Basel geflohen. Außerdem hatte er auch nicht das Geld, seinen Plan umzusetzen. Die Durlacher Bauern waren nicht erfreut: Sie fürchteten höhere Steuern und Fronarbeiten.

Zunächst dachte Carl Wilhelm daran, im Hardtwald nur ein Jagdhaus mit einem Wildpark zu errichten. Im Sommer 1714 wurde auf einer Lichtung im Wald die »Bocksblöße« gebaut - dort steht heute das Fasanenschlösschen - und das Wild-Areal eingezäunt. 1715 hatte sich der Plan des Markgrafen verändert: Jetzt sollte es ein

Bereits seit Mitte des 17. Jahrhunderts haben Herrscher ihr neues Schloss in weite Ebenen gestellt. Ludwig XIV. ließ 1682 das Schloss in Versailles so bauen, dass alle Straßen, alle Fluchtlinien auf ihn, auf sein Schlafzimmer zuliefen. »L'État c'est moi« (Der Staat, das bin ich), soll er gesagt haben; er sah sich als Mittelpunkt der Welt. Viele Fürsten folgten seinem Beispiel.

Carl Wilhelm,
der Stadtgründer

»Circul« sein, »wohin der fürstliche Marstall bestellt werden soll«, ein Zirkel mit einem neuen Schloss im Mittelpunkt. Der Hardtwald bot dafür billiges Bauholz, und Transportkosten fielen keine an. Carl Wilhelm war ein sparsamer Mensch.

Carl Wilhelm ließ 1715 ein kreisrundes Areal für sein Schloss roden, in die Mitte kam der Schlossturm. 32 gerade Straßen sollten vom Turm aus in alle Richtungen gehen, die mittlere, nach Süden gerichtete Allee kreuzte dabei senkrecht die damals schon bestehende Landstraße zwischen Durlach und Mühlburg (die heutige Kaiserstraße), der innere Schlossbezirk sollte durch einen Zirkel abgegrenzt werden.

Am 17. Juni 1715 legte der Markgraf feierlich den Grundstein für den Schlossturm, stiftete den badischen Hausorden »Fidelitas« (Treue), ernannte Ritter und machte sich zum Großmeister des Ordens. Noch heute ist das Motto im Stadtwappen zu sehen.

Markgräfin Magdalene Wilhelmine (1677–1742) galt als streng lutherisch. Ihr wurde oft unterstellt, sie habe den Markgrafen mit ihrem streitbaren und frömmlerischen Wesen aus Durlach vertrieben. Jedenfalls blieb sie in Durlach wohnen und fuhr nur zu besonderen Anlässen nach Karlsruhe.

Tulpenmädchen

Carl Wilhelm liebte nicht nur die Jagd, sondern auch die Frauen. In seinem Schloss sollen ihm hübsche »Tulpenmädchen« zu Diensten gewesen sein. Baron Pöllnitz berichtet, es seien »derer an der Zahl 60, doch haben ihrer täglich nicht mehr als 8 die Aufwartung. Wann der Marggraff ausfährt, folgen ihm selbige als Hussaren gekleidet zu Pferde nach. Der mehrste Theil von ihnen verstehet nebst der Music auch das Tantzen, und wird die Opera auf Hoff-Theatro von ihnen gespielet, sonsten auch die Kirchen-Music durch sie versehen und logieren sie allesamt bey Hoff.« Wahrscheinlich waren sie Bürgermädchen aus Durlach, die, wie ein Historiker schrieb, »nur flüchtig dressiert auf seiner Hausbühne« auftraten. Erwiesen sind intime Beziehungen mit dem Markgrafen: Einige von ihnen hatten Kinder, deren Väter unbekannt waren und die allesamt Carl oder Carlina hießen. Für ihre Erziehung kam der Markgraf auf. Die spitzzüngige Liselotte von der Pfalz schrieb: »Ich habe schon von dem ridicullen Serail gehört, so der Margraff von Durlach helt. Wie ich jetzt von unßern Teütschen, es seye Fürsten oder ander Herrn, höre, so seindt sie alle so närisch, alß wenn sie auß dem Dollhauß kämen; ich schamme mich recht davor.« Ihren Spitznamen bekamen die »Tulpenmädchen« sehr viel später, fälschlicherweise wurde erzählt, dass sie seine Lieblingsblumen, die Tulpen, abmalen mussten.

Das Schloss

Auch wenn oft behauptet wird, das Schloss sei aus Holz gewesen: Es war aus Holz und Stein. Allerdings war es sehr schlicht. Teile des Turms bestanden aus billigerem Fachwerk, der Galeriegang zum Schloss war aus Holz wie viele Nebengebäude. Carl Wilhelm war sparsam. Freiherr von Pöllnitz erzählt: »Weil er nun eben nicht der reichste Herr sey; so habe er bloß ein Haus nach seinen Umständen erbauet, und er wolle lieber, daß man von ihm sage, er wohne übel und habe keine Schulden, als er habe ein kostbares Schloß und stecke in großen Schulden.«

Der Bau ging schnell voran. Bereits am 20. September 1716 wurde das Dach auf den 42 Meter hohen Turm gesetzt. Der Mittelbau des Schlosses wurde 1718 fertig, mit zwei Stockwerken, 51 Meter lang und 15 Meter breit. Im Westteil wohnte der Markgraf, unter seinen Privaträumen lagen Audienz- und Kabinettzimmer, aber nur ein Drittel des Flügels wurde fertig. Im östlichen Teil war die Schlosskapelle, Ende Oktober 1717 eingeweiht. Im März 1719 wurde der Ostflügel mit Opernhaus und Ballsaal fertig. Auf alten Plänen sieht man, dass die beiden Flügel bis zum Zirkel reichen sollten. Man ließ dann aber doch die Seitengebäude einzeln stehen, es sah schöner aus: im Osten drei Marställe, später noch ein weiterer Stall. Im Westen drei Orangerien, die Küche, die Hofapotheke und die Hofkämmerei, das Wasch- und Gesindehaus.

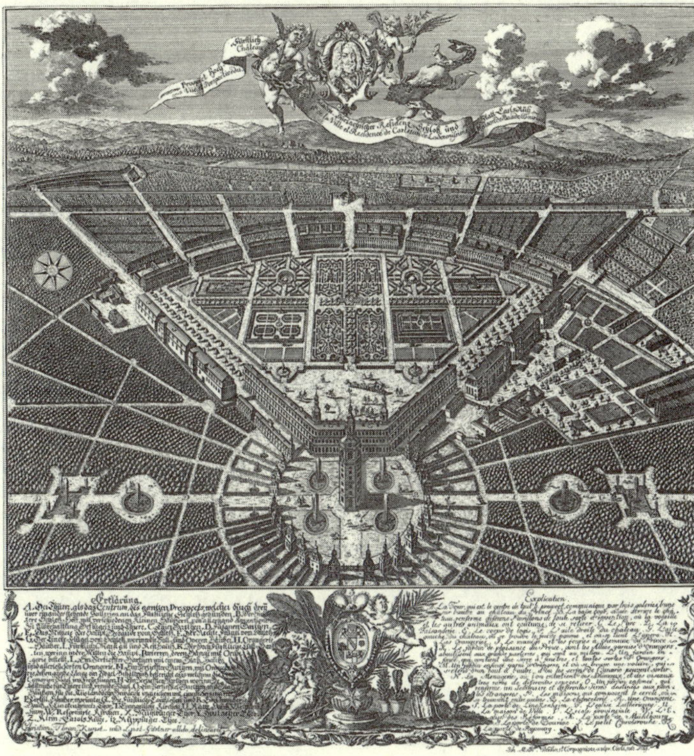

Ein früher Plan von Karlsruhe, 1739

Carl Wilhelm war als Blumenliebhaber und -kenner bekannt. Der Historiker Carl Eduard Vehse berichtet: »Man sah den Landesherren selbsteigen in einfacher grüner Jacke fleißigst in seinem Schlossgarten die Schaufel führen und den Spaten handhaben.« Oft reiste er nach Holland, kaufte Tulpenzwiebeln und züchtete sie. Über 5000 Tulpensorten blühten im Schlossgarten. Um sie zu katalogisieren, ließ er sie in zwanzig dicken Folianten abzeichnen und malen, leider sind nur noch zwei erhalten.

Carl Eduard Vehse zählt auf: »Nicht weniger als sechstausend ausländische Bäume, Orangen und dergleichen hatte Carl in seinen Gärten, fünftausend Sorten von Tulpen, achthundert von Hyazinthen, sechshundert von Nelken, fünfhundert von Aurikeln, vierhundert von Ranunkeln, zweihundert von Anemonen und hundert von Narzissen.«

Zwei Gärten umgaben das Schloss. Dahinter wurde ein Barockgarten mit Bosketten und Brunnen angelegt. 22 Häuschen umrundeten den Turm, die »Zirkelhäuschen«, mit Lagerräumen, Hofmetzgerei und Werkstätten, Brunnenhäusern, Labor, Wasch- und Badehaus und Zwingern für Hunde, Hühner, Affen, Hasen, Tauben und Seidenwürmer. Auch der Platz vor dem Schloss war ein Barockgarten, auf verschiedenen Ebenen mit Menagerien, Brunnen und einem Ententeich. Das war eigentlich unüblich, normalerweise war dieser Raum Paradeplatz. Aber der Markgraf liebte eben seine Gärten, und Militär hatte er kaum.

Ganz Deutschland bewunderte die Menagerien. Eine Abordnung des sächsischen Kurfürsten machte 1731 auf ihrer Reise nach Afrika, wo sie Pflanzen und Tiere besorgen sollten, Station, um »einige in des Herrn Markgrafen Menagerie befindliche seltene Tiere, als sonderlich einen guten Vorrat fremder Gewächse« zu kaufen. Der Markgraf befahl, dass sein »Blumengärtner Thran, ein in der Kräuterwissenschaft und Zeichnungskunst erfahrener Mensch« sie begleiten sollte. In seinem Tagebuch berichtet Christian Thran sehr lebendig von seiner zweijährigen Reise. 1747 gab er einen Katalog heraus, in dem er »über 2000 verschiedene exotische Pflanzen und

Bäume« in Karlsruhe darstellte. Ab 1746, nach dem Tod des Markgrafen, verfiel der Garten nach und nach.

Die Entwicklung der Stadt

Wollte der Markgraf überhaupt eine Stadt gründen? Eine nicht mehr erhaltene Plakette am Schloss von 1728 legt noch einen anderen Schluss nahe: »Anno 1715 war ich ein Wald, der wilden Thiere Aufenthalt. Ein Liebhaber der Ruhe wollte hier in der Stille die Zeit vertreiben«. Seine Ruhe wollte er haben. »Allein das Volk kam auch herbei, baute, was du hier siehest. Also keine Ruhe, so lange die Sonne glänzet als allein in Gott zu finden«.

Bald nach der Grundsteinlegung, am 29. Juli 1715, ließ Carl Wilhelm jedenfalls einen »Privilegienbrief« abfassen. Die Ansiedlung musste geregelt werden: Ein Schmied aus Württemberg hatte angefragt, ob er eine »häusliche Niederlassung in der Gegendt dero neuerbauten Lusthauses« bauen dürfe. Der Markgraf versprach Neubürgern einen kostenlosen Bauplatz, Baumaterial und Steuererleichterungen und rief Badener und Fremde, Lutheraner, Reformierte, Katholiken und Juden, auf, »bey und um gedachtes Carols Ruh sich niederlassen, mit Erbauung neuer Häuser vest zu setzen Lust haben oder bekommen.« In allen badischen Ämtern wurde der Aufruf verlesen, er erschien in Zeitungen, sogar in Frankreich. Jeder bekam einen Bauplatz, »nach Beschaffenheit seiner Profession, Stand und Familie, nicht weniger, wo es nöthig, zum Hoff, Scheuren, Stallung und Garten«. Man musste zwar kein Vermögen haben, wie in anderen Städten, aber zumindest mit »sattsamen Mitteln« ausgestattet sein und glaubhaft machen, dass man das Haus bauen wollte und konnte. Erst ab 1722 musste ein christlicher Neubürger 200 Gulden, ein jüdischer 500 Gulden Besitz

Kurtzer Begriff
aller derer
Freyheiten/ PRIVILEGIEN,
und
Sonderbahrer Begnadigungen/
Wormit
Der Durchleuchtigste Fürst und Herr/
H E R R
CARL,
Marggraff zu Baden und Hochberg/ Land-
Graff zu Sausenberg/ Graff zu Sponheim und E-
berstein/ Herr zu Rötelen/ Badenweiler/ Lahr und Mahl-
berg ꝛc. Der Röm. Kayserl. und Königl. Cathol. Mayest.
wie auch des Löbl. Schwäbischen Crayses bestellter respective
General-Feld-Marschall und General-Feld-Zeugmeister/
auch Obrister über ein Keyserl. Regiment
zu Fuß ꝛc.
Die Jenige/ welche hinkünfftig bey und neben
Dero Neu-Erbauenden Lust-Hauß
Carols-Ruhe
Mit Anbauung Neuer Behausungen ꝛc.
Sich niderlassen werden/
anzusehen gedencket.
Gedruckt zu Durlach/ durch Theodor Hechten.

Der Privilegienbrief für »Carols=Ruhe«

haben. Dazu kam etwas später noch eine Aufnahmegebühr, aber auch die war niedrig.

Bis 1720 kamen neue Bürger aus dem Württembergischen, Stuttgart oder Tübingen, einige auch aus dem Elsass und der Schweiz. Durlacher bauten ein Haus, um dem Hof nahe zu bleiben: Oft mussten die Söhne in der neuen Residenz eine »Filiale« des Familienbetriebs eröffnen. Ab Herbst 1717 mussten Hofpersonal und markgräfliche Beamte umziehen. Das gefiel nicht jedem. Hofrat Wolfgang Wilhelm von Riesmann schrieb: »was für ein dausent sacraments hundt hat diesen meinem Herrn in die Feder dictiert« und bekam einen schriftlichen Verweis, der noch heute in seiner Personalakte nachzulesen ist.

Ab 1716 wurde der »Fächer« mit den neun Hauptstraßen angelegt oder, wenn schon vorhanden, zu richtigen Straßen ausgebaut. Der Markgraf benannte sie nach den Rittern seines »Fidelitas«-Ordens. Aber im Volksmund und bald auch offiziell setzten sich andere Namen durch, nach den Wirtshäusern, die dort standen. So hießen die Straßen also nach dem »Waldhorn«, dem »Adler«, der »Krone«, dem »Kreuz« oder dem »Lamm«, statt umständlich »Graf Leiningische Gasse«, »Löwencranzische Gasse« oder »Güntzerische Gasse«.

Langsam wuchs die Stadt: Bis 1718 standen im östlichen Teil erst 22 Häuser, im westlichen 4, in der Waldgasse, die auch die Stadtgrenze bildete, wurde noch zögerlicher gebaut. Ab 1719 wurde die Lange Straße bebaut. Sie war schon damals bei Händlern und Gastwirten beliebt, gerne hatten sie ihr Geschäft an der Durchgangsstraße. Noch lange aber lagen viele Wiesen und Gärten zwischen den Häusern, die Straßen waren nicht befestigt und wurden bei schlechtem Wetter zu Schlammwegen.

1716 gab es eine Volksschule, 1724 zog das »Gymnasium illustre« von Durlach nach Karlsruhe, 1727 gab es am Marktplatz eine erste Stadtapotheke. 1731 richtete Siegmund Herzog eine Poststube ein, vorher hatten Boten die Post aus Durlach geholt. Es gab eine Tabakfabrik, ein Brunnenhaus und vor dem Rüppurrer Tor eine Ziegelei.

Bereits 1715 hatte der Markgraf verkündet, dass die Häuser »zu mehrerer Zierde, und Gleichheit des Orths« nach einem Modell gebaut werden müssen. Er wollte gleichmäßige Proportionen durchsetzen und die mittelalterlich verwinkelten Gassen vermeiden, die es in vielen Städten gab: Übersichtlich und hell sollte es sein. Johann Friedrich von Batzendorf arbeitete die Vorschriften aus. Zwei Haustypen waren vorgesehen: ein größerer am »Zirkel« mit zwei Geschossen und einem ausgebauten Mansardendach, umfangreichen Hintergebäuden und zwischen den Häusern vorgebauten Arkadengängen, wie man sie noch heute am Zirkel sehen kann. Viele dieser acht Meter hohen Häuser hatten ein gemauertes Fundament, Fachwerk und ein breites Tor, damit man mit Kutschen in den Hof hineinfahren konnte.

Im Rest der Stadt fielen die Arkaden weg, die Häuser waren eingeschossig, ebenfalls mit Mansardendach, hatten ein gemauertes Fundament, waren aber sonst zum großen Teil aus Holz. Auf dem Marktplatz boten findige Handwerker passend geschnittene Hölzer an, eine Art Vorläufer von Fertighäusern. Nach einer Idee des Markgrafen, der die holländischen Klinkerbauten mochte, sollten die Hausbesitzer sie rot anstreichen. In der Waldstraße und beim »Seilerhäuschen« kann man sich noch heute ein Bild davon machen, wie damals gebaut wurde.

Am Zirkel sollten vor allem Adelige wohnen, aber zu wenige interessierten sich dafür. Reiche Bürger kauften die Grundstücke, bis 1720 drei Händler, zwei Schuhmacher und zwei Beamte.

In anderen Zirkelhäusern brachte der Markgraf seine Kanzlei unter, manche verkaufte er an Hofangestellte. Eines bekam die Hofsängerin Dorothea Adam, die dort mit dem markgräfli-

»Dörfle«

Was auf vielen zeitgenössischen Darstellungen fehlt, ist das »Dörfle«, wegen seiner Form auch »Pfannenstiel« genannt. Hier, außerhalb der Stadt, die an der Langen Straße aufhörte, siedelten sich Handwerker, Tagelöhner oder Händler an. Hier war das Bauen preiswert. Es gab keine Bauvorschriften, Straßen und Häuser entwickelten sich chaotisch und ohne Regel. Noch bis ins 20. Jahrhundert hinein sah es bunt, verwinkelt und romantisch aus, eng und dunkel.

chen Mundkoch Philipp Nast eine Wirtsstube einrichtete – von den Hofbediensteten, die dorthin gingen, »Sirene« genannt. Für die meisten waren diese großen Häuser, deren Bau statt der 52 Gulden für ein kleines, eingeschossiges Haus schon einmal an die 2000 kostete, viel zu teuer.

Keine »Schatzung«

Um die Entwicklung der Stadt zu fördern, erließ Carl Wilhelm den ersten Siedlern viele Pflichten. Die »Schatzung«, eine Personensteuer, und den »Pfundzoll«, eine Umsatzsteuer, mussten sie nicht zahlen, auch nicht den Landzoll für Waren, die durch die Markgrafschaft transportiert wurden. 1722 und 1724 wurde diese Steuerfreiheit für die nächsten dreißig Jahre ausgeweitet und galt auch für Fremde, die ihre Geschäfte in der Stadt abschlossen. Ausgeführte Güter waren zollfrei: ein enormer Vorteil für alle Händler. 1721 erließ der Markgraf den Bauern Steuern, die Obst und Gemüse auf dem Markt anboten. Bereits 1738 waren die Händler die größte und wohlhabendste Berufsgruppe. Auch die Wirtshäuser florierten: Wirte brauchten keine Schanklizenz und mussten wenig Steuern zahlen.

»Zu Erhaltung eines löblichen Wesens«

Zweieinhalb Jahre nach der Gründung der Stadt wählten 55 Bürger den ersten Bürgermeister: Johannes Sembach, einen Straßburger Metzger, Inhaber der Waldhornwirtschaft. Dort traf sich der Rat, denn ein Rathaus gab es noch nicht. Das »Waldhorn« war groß, »12 Stuben, 6 Kammern, 23 Gastbetten, Stall für 24 Pferde, Keller für 30 Fuder Wein«.

Bürgermeister und Ratsherren mussten vom Markgrafen bestätigt werden, der schon mal den Bäcker Ludwig Dorsch ablehnte, da er ihn für einen »unruhigen Kopf« hielt. 1718 bat der Bürgermeister um »einen ordentlichen Freibrief« und um »Gericht und Rat«: Die Bürger wollten ihre Angelegenheiten selbst verwalten. Der Markgraf genehmigte »wohlbedächtiglich«, dass sie »in ihrem Stattweesen selbst aus ihren Mittel, doch mit Unserer Landesfürstlichen Ratification« alle »zu Erhaltung eines löblichen Wesens nöthige Ämbter ohne Partheylichkeit erwehlen und unter Direction und Aufsicht Unseres jedesmaligen Beambten durch dieselbe allen ihnen selbst und ihren Mitbürgern vorkommende Kauf, Tausch, Testamenten und andere Handlungen, Erbtheylungen, Versorgung derer bürgerlichen Waysen mit tüchtigen Vormundschaften verrichten.« Die Stadt wurde an Schanksteuer und Strafgeld beteiligt, erhielt eine Gemeindewiese und ein einheitliches Eichmaß. Zwei Monate später fand die erste Gemeinderatssitzung statt, eine zaghafte Eigenregierung begann, unter Aufsicht des Oberamtmanns. Viele Jahre lang blieb die Stadt vom Markgrafen finanziell abhängig.

Der Gemeinderat musste die Bautätigkeit kontrollieren und Nachtwächter, Totengräber, Viehhirten und Stadttrommler einstellen, die Einhaltung der Gesetze, die Qualität bei Metzgern, Bäckern und Händlern überwachen, die Markttage organisieren und die Buchhaltung durchführen. 1742 warf man dem Bürgermeister vor, dass er an der von ihm angeordneten Rathausgalerie kräftig verdiente.

Bürger und Hintersassen

Nicht alle Bürger waren gleich. Die normalen hatten einen Bauplatz bekommen und ein Haus gebaut. »Schutzbürger« hatten zwar das Grundstück bekommen, konnten dann aber ihr Haus doch nicht bauen, aus welchen Gründen auch immer. Sie besaßen zwar den Bürgerbrief, zahlten aber eine jährliche Sondersteuer, das »Schutzgeld«. Ansonsten besaßen sie die gleichen Rechte wie die Bürger mit Haus.

Die »Hintersassen« hatten eine begrenzte Aufenthaltsgenehmigung, für die sie bezahlten. Sie durften nicht wählen und keine Häuser kaufen. Unter diesen »Hintersassen« waren allerdings auch reiche Leute wie der Goldschmied Karl Kuhn, der erst ausprobieren wollte, ob er in Karlsruhe erfolgreich sein würde, oder der Verleger Macklot. Und schließlich unterstanden die Tagelöhner aus Klein-Karlsruhe und die Hofbediensteten direkt dem Markgrafen.

Religionen

Auf einem Plan von 1718 sieht man drei Kirchen am Marktplatz: die lutherische in der Mitte, die reformierte östlich davon, die katholische sollte westlich davon stehen, wurde aber nie gebaut. Erst 1804 wurde die katholische Pfarrei St. Stephan gegründet. Der Markgraf duldete zwar alle Religionen: »Solle von dieser Anbauung und Genuß solcher Freiheiten, der Religion halber niemand ausgeschloßen sondern alle und jede, welche einer aus denen im Heil. Rom. Reich recipierten Religionen zugewand seynd, gelitten, und in ihrem Handel und Wandel guter Vorschub gethan werden.« Aber eben mit Einschränkungen. Die Katholiken mussten ihren Glauben privat ausüben, bis sicher war, dass sie ihr Leben »ohne Schmälerung und Abbruch Unserer Landesfürstlichen Hoheit« führen. Es konnte nämlich sein, dass die Katholiken den lutherischen Markgrafen nicht als ihr Oberhaupt anerkannten: Sie unterstanden dem Bischof der Diözese, der zu jener Zeit oft auch weltlicher Herrscher und damit Konkurrent des Landesherrn war.

Auch die Juden bekamen einen Sonderstatus. Ab 1752 mussten sie Schutzgeld und eine höhere Aufnahmegebühr zahlen und waren damit zu »Schutzbürgern« herabgesunken. 1718 wurde Nathan Uri Kahn Unterrabbiner, 1724 Salomon Meyer Schultheiß, also Vorsitzender, der jüdischen Gemeinde. Er kümmerte sich um die Finanzen der Gemeinde, kassierte Gebühren für Heiraten, Erbschaften, Ausschank und den Verkauf von koscherem Fleisch. Mit dem Geld baute die jüdische Gemeinde in der Kronengasse eine Synagoge, am Rüppurrer Tor ein Spital und Armenhaus. Sie bildete eine reiche und einflussreiche Gruppe in der Stadt.

Die Katholiken mussten ihre Kinder von einem lutherischen Pfarrer taufen, sich von ihm trauen und beerdigen lassen. Wollte jemand eine katholische Taufe, musste er sie zusätzlich durchführen lassen, die Gebühren dafür gingen an die Landeskirche. Sie durften auch nicht ins Wirtshaus gehen, wenn der lutherische Gottesdienst stattfand. Andererseits verlangte Carl Wilhelm von den evangelischen Karlsruhern, die Katholiken in Ruhe zu lassen: Am katholischen Bethaus war eine Warntafel angebracht. Der Rat verstand diese Toleranz nicht, musste sich aber fügen.

Die Lutheraner konnten schon beim Bau des Schlosses in einer Bauhütte die Messe feiern. 1717 wurde die Kapelle im Schloss eingeweiht, 1722 die »Konkordienkirche«: ein kreuzförmiger Zentralbau mit vier halbrunden Apsiden, der Grundriss sah aus wie ein vierblättriges Kleeblatt. Sieben Jahre später hingen auch die Glocken im Turm. Auch die Reformierten bauten eine Kirche, einen rechteckigen Holzbau mit einem Türmchen in der Mitte. Sie stand an der Kreuzstraße und wurde noch vor der lutherischen, im September 1722, eingeweiht.

Ein »sehr schmertzlicher Aktum« – Tod des Stadtgründers

Am 12. Mai 1738 starb der Stadtgründer Carl Wilhelm, während er seine Blumen pflegte. Er wurde unter der Stadtkirche beigesetzt, sein Herz im Familiengrab der Pforzheimer Stadtkirche. Zu seinem Tod komponierte der Hofkomponist Johann Melchior Molter eine vierteilige Trauermusik »Opfer der Treue«; die Trauerfeier, ein »sehr schmertzlicher Aktum«, wurde »unter wehmüthiger Devotion alles des höchstseeligen Herrn Markgrafen getreuer Räthe, Diener und Unterthanen, nicht ohne viele Thränen celebrieret«.

Sein Sohn Friedrich war bereits 1732 gestorben. Er hinterließ seine psychisch labile Frau Anna Charlotte und zwei Söhne, den zehnjährigen Carl Friedrich und den sechsjährigen Wilhelm Ludwig. Sie wurden in Durlach unter Vormundschaft der Markgräfin Magdalena Wilhelmine und des Markgrafen Carl August von Baden-Durlach erzogen. 1746 wurde Carl Friedrich für volljährig erklärt. Am 5. November zog er als neuer Markgraf in Karlsruhe ein.

Leben in Karlsruhe im 18. Jahrhundert

Wie lebten die Karlsruher zu jener Zeit? Viele waren, gemessen am heutigen Lebensstandard, arm. Viele mussten mehrere Berufe ausüben wie Domenico Longo, der Kaminfeger und Händler war und das Gasthaus »Zu den drei Mohren« betrieb. Oder Johann Ernst Lafontaine, Hofperückenmeister, Friseur und Diener am Hof, der in seinem kleinen Haus in der Waldhorngasse auch noch ein »Gewerb mit Caffee und Bouteillen Bier« (Flaschen Bier) führte. Außerdem versuchte er sich als Lichter- und Seifenmacher, später wurde er wieder Hofperückenmacher und nannte sich »de Lafontaine«. Ein Oberamtmann notierte: »Viel Handwerck, viel Unglück.« Jeder Hausbesitzer durfte ohne Lizenz Alkohol ausschenken: Von den 49 Wirten waren 29 gleichzeitig und eigentlich Handwerker, Metzger oder Bäcker.

Stadtbedienstete

Einige Ämter wurden von der Stadt verwaltet: Bettelvögte und Nachtwächter, Feldschützen, Mehlwieger, Stadtmessner, Organisten und Orgeltreter, Stadtknechte, Stadttamboure, Totengräber und Viehhirten. Außerdem gab es Billettenschreiber, Kirchenrüger, Marktmeister, Gewicht- und Maßeicher, Quartiermeister, Waisenrichter, Weinsiegler und Fleischbeschauer.

Viele mussten in ihrem Garten, wenn sie einen hatten, Gemüse anbauen, pflanzten Kohl und Rüben oder hatten Obstbäume. Wer konnte, hielt sich Kühe, Schweine, Gänse oder Hühner. Eine Polizeiverordnung von 1798 verbot diesen das freie Herumlaufen auf den Straßen und in den fürstlichen Parks. Allerdings: Sehr ertragreich war der Boden nicht, es gab zudem zu wenig Fläche. Mitglieder des Hofes legten eigene Palais mit ausgedehnten Parks an.

Markt und Bäckereien

Ab 1717 war jeden Freitag Markt, ab 1794 dreimal in der Woche. Meist fand er an der Konkordienkirche und unter den Arkaden in der Bärengasse vom Marktplatz zum Schloss statt. Heftiger Streit brach aus, als es hieß, der Markt solle jetzt immer am Marktplatz sein. Die Händler, die am Zirkel wohnten, schlugen dort ein leeres Grundstück vor: Bei ihnen sei »keine sonderliche frequenz von Leuthen« und man solle ihnen diese Laufkundschaft an den Markttagen gönnen. Die Bewohner am Marktplatz meinten, sie hätten ihre Häuser extra wegen des Markts dort gebaut. Oberamtmann Wieland entschied für den Marktplatz. Nicht nur weil das Grundstück am Zirkel ungünstig liege und sowieso alle Fremden durch die Lange Straße kämen, sondern auch, weil der Markt dann zu nah am Schloss wäre und die Hofdiener »beständige Gelegenheit zum Müßiggehen, Ausschauen und Herumspazieren haben, und durch den Tumult an der Arbeit gehindert« würden.

Wenn kein Markttag war, riefen Bauersfrauen aus der Umgebung oder Frauen aus dem Dörfle in der Stadt ihre Waren aus. 1766 wurde angeordnet, dass sich die Verkäuferinnen »an ein oder die andere derer dahier befindlichen 9 Gaßen und zwar vornen an das Eckhaus stellen und allda erwarten sollen, bis die Leute aus der Stadt das Nötige bey ihnen abholen und erkaufen.« Gerne boten Frauen in der Nähe des Gymnasiums den Söhnen wohlhabender Familien Obst und Backwaren an, 1797 wurde das verboten. Den Marktfrauen wurde gesagt, sie mögen »den Marktmeistern und ihren untergeordneten die gehörige Achtung beweisen und wenn sie je glauben, daß sie durch die Anordnungen derselben in der Marktfreyheit oder sonst gekränkt seien, ihnen mit gehöriger Bescheidenheit Vorstellung dieserhalb machen.«

Arbeit

Eine Einnahmequelle für Männer und Frauen bot der Hof. Allein die Markgräfin Caroline Luise hatte über zwanzig Bedienstete: einen Pagen, einen Kutscher, Lakaien, Kammerjungfrauen, Garderobenmädchen und Hofdamen. Die meisten dieser Frauen kamen aus bürgerlichem Haus und waren wegen ihrer Verbindungen zum Hof begehrte Taufpatinnen oder Ehegattinnen für aufstrebende Bürger. Viel Lohn gab es allerdings normalerweise nicht: Man war der Meinung, dass die Untertanen nur mit wenig Lohn an Arbeit zu gewöhnen waren. Festgesetzt waren nicht Mindest-, sondern Höchstlöhne.

Manche Bürger beschäftigten Dienstboten und »Mädchen für alles«. Einige Frauen arbeiteten als Tagelöhnerinnen, hü-

Stellen am Hof

Am Hof konnte man in der Verwaltung arbeiten, als Beamter, Kanzleidiener, Schreiber, Türwächter, in der Küche, Wäscherei und Möbelverwaltung, als Kutscher, Magd, Diener oder Tagelöhner, als Bodenwichser oder Knecht.

teten Schweine, sammelten Holz und Kräuter oder pflegten Kranke. Manche hatten Glück, Scharlotta Jüngling konnte »die fürstl. Garküche mit Geflügel« versorgen. Viele Frauen versuchten sich im Kleinhandel oder waren Wirtinnen, einige übernahmen nach dem Tod ihres Mannes das Geschäft, wie die Uhrmacherin Justina Meisenhälter.

Begehrt war die Übernahme einer Hofhandwerkstätte, damit war man Angestellter des Markgrafen. Man durfte dann zwar nur noch für den Hof arbeiten, bekam aber einen ansehnlichen Lohn: Schreiner Riedel, der 1749 die Hofschreinerei übernahm, verdiente 80 Gulden, dazu Naturalien. Es gab Hofbäcker, -juweliere, -silberarbeiter, -perückenmacher, den Hofknopfmacher Wölpert oder den »Fürstlichen Leibschneider« Creszelius. Ansehen und Wohlstand dieser Familien stieg gewaltig.

Manchmal entwickelten sich aus den kleinen Betrieben Manufakturen oder Fabriken: aus der Hofschreinerei z.B. die Möbelfabrik »Gräsle und Höfle«. Hofsattler Reiß konnte seine Werkstatt zur sehr erfolgreichen »Reiß'schen Wagenfabrik« ausbauen. Eine Lichter- und Seifenfabrik zog 1767 von Durlach zu, ab 1770 gab es eine Leinwand- und Baumwollfabrik und 1771 Christian Griesbachs Tabakfabrik mit mehr als fünfzig Arbeitern. Viele Manufakturen unterstützte der Hof mit einem Darlehen, wie die »Seidenstrumpffabrik« des Hoftrompeters Eyring oder die »Puder- und Stärkefabrik« des Ettlingers Willard am Ende der Adlergasse. Einige machten bald wieder Konkurs, andere waren erfolgreich, wie die Sievertsche Tabakfabrik, die Bruchsaler Tabak exportierte, die »Ölenheinz'sche Schmuckfabrik« oder die Spielkartenmanufaktur. Daneben gab es viele Brauereien: Ziervogel, Helferich, Gottesaue und Seldeneck.

Soziale Fürsorge

Arme, Kranke und Alte waren auf die Unterstützung anderer angewiesen, meistens ihrer Angehörigen. 1787 baute die Stadt ein Krankenhaus, das Bürgerspital am Holzmarkt, dem heutigen Lidellplatz, mit 200 Betten, hygienisch und modern. Noch 1840 lobte man: »Dasselbe ist ganz massiv von Stein errichtet und enthält alle Bequemlichkeiten, deren Kranke bedürfen.« Der Holzhändler Christoph Friedrich Lidell richtete 1792 eine Stiftung ein, mit der Kranke im Spital umsonst versorgt werden konnten.

Viele Arme bettelten. Aber das war verboten, und es gab eigens einen »Bettelvogt«, der die Bürger überwachte. Nicht immer erging es ihm wie Hanns Georg Feigle. Der wurde 1754 entlassen und musste zugeben, dass »der überflüssig genossene Wein den Menschen zum Narren macht. Und ebenso ist mirs auch gegangen, da ich mich bey dem Tanzen als starck erhizet und darauf einen kleinen Trunck über den Durst gethan.«

Nur wenige Stiftungen sorgten für soziale Fürsorge: Es gab einen Stadtalmosenfonds, Hofalmosen vom Hofgeistlichen und einen »Fürstlichen Gratialfonds« des Markgrafen. Nichts war allerdings geregelt, Ansprüche gab es keine, und mit der Fürsorge ging eine ständige Kontrolle einher. 1791 wurden die Almosenfonds bei der 1786 gegründeten Polizeideputation zusammengefasst. Oberaufseher K. W. F. L. Drais von Sauerbronn hatte strenge Prinzipien: Es sei nötig, »1. Nahrungsquellen für jeden Arbeitsfähigen zu eröffnen. 2. Dem, der nichts verdienen kann, Hilfe schnell zu ermöglichen. 3. Unter dieser Voraussetzung Bettler und Herumziehende streng zu ahnden.«

Im Spinnhaus an der Ecke Kronen- und Spitalgasse mussten Kinder, Jugendliche und Frauen arbeiten. Männer wurden für härtere Jobs herangezogen: Pflastern, Garten- und Straßenarbeiten. Das billigere »Polizeibrot« oder Feuerholz gab es bei Hungersnöten auf Bezugsschein. 1804 wurde im Spinnhaus eine öffentliche Küche eingerichtet, in der die Karlsruher umsonst und Auswärtige billig Suppe essen konnten. Es gab sogar einen Nebeneingang für die, die dabei nicht gesehen werden wollten. Die Suppe war nahrhaft, wenn auch bestimmt nicht besonders schmackhaft: eine Knochenbrühe, mit gekochten Graupen, Erbsen und Kartoffeln.

»Ein Glas Wein zum Frühstück«

Normalerweise aß man Brot und trank Zichorienkaffee. Kartoffeln galten zunächst als Essen für Schweine oder Gesinde. Nur Reiche konnten sich echten Kaffee leisten, ausländischen Wein, Gewürze und Fleisch oder das Modegetränk der Zeit, heiße Schokolade: »Die hohen Preise des Thees und Kaffees in der neuen Zeit unterdrückten vollends die Allgemeinheit ihres Genusses. Nur unter den höheren Ständen wurde er mit möglicher Beschränkung noch beybehalten. Der wohlhabende Bürger genießt ein Glas Wein und ein Stückchen Fleisch zum Frühstück. - Der Ärmere hält sich an einen Schluck Brandwein mit Brod, während sich die Hausfrau mit ihren Kindern mit einem Glas Milch und Brod begnügt«, schrieb der Statistiker Theodor Hartleben 1815.

Freizeit

In ihrer knappen Freizeit gingen die Männer am liebsten in eines der vielen Wirtshäuser: »Das Zechen und Zehren bei möglichst vielen Anlässen war, wie es scheint, auch eine schwache Seite des alten Karlsruhers.« Man trank, redete, spielte

Karten, kaute Tabak oder rauchte, eine Angewohnheit, die sich zuerst bei den höheren Schichten einbürgerte.

Ballonfahrten kamen in Mode, man vergnügte sich mit Gesellschaftsspielen wie »Blinde Kuh«, das sehr beliebt war, Charaden oder Picknicks. Im Winter goss die Stadt Wasser auf die Schießwiese vor dem Ettlinger Tor, die zu einer Eisbahn fror: Schlittschuhfahren war ein Modesport.

Sonntags ging die Familie spazieren und machte Ausflüge in die nähere Umgebung. Man promenierte zum Stephanienbad, das 1811 von Weinbrenner erbaut und mit einem großen englischen Garten versehen wurde, man spazierte in die Augärten (die heutige Südstadt), Richtung Mühlburg oder Gottesaue zum »Alleehaus« oder zur Appenmühle bei Daxlanden.

Die gehobenen Stände durften durch den Schlossgarten flanieren, aber nur, wenn sie sich zu benehmen wussten. Verboten waren alle »Excesse«, dazu gehörte das Gehen »abseits der Wege, im Gebüsche oder auf dem Graßboden, alles Geräusche, Geschrei, Singen, Pfeiffen, Tabakrauchen, heftiges Lauffen, überhaupt jedes unbescheidene oder gar unanständige Betragen.« 1 Gulden 30 Kreuzer musste man für solche »Frevel« zahlen.

Die Zeit unter Carl Friedrich

Carl Friedrichs Herrschaft

Durch Carl Friedrich (1728-1811) gedieh das Städtchen zu einer richtigen Residenz. Unter seiner Herrschaft wurde Baden groß, reich und mächtig: Er gab entscheidende Impulse für Industrie und Handel und förderte Kunst und Wissenschaft, unterstützte die Landwirtschaft und machte Schloss Gottesaue zu einem landwirtschaftlichen Musterbetrieb. Er ließ eine Pottaschesiederei und eine Maulbeerplantage anlegen, Spargel und Artischocken züchten und sogar Ananasstauden im Küchengarten am Durlacher Tor anpflanzen, züchtete Schafe und Pferde und holte Handwerker aus Birmingham und Uhrmacher aus Genf.

Carl Friedrich:
liberal und tolerant

Wie sein Großvater war er liberal und tolerant. 1767 schaffte er die Folter ab, 1783 hob er die Leibeigenschaft auf. Die Todesstrafe durfte nur noch in Fällen vorsätzlichen Totschlags ausgesprochen werden. Er hielt regelmäßige Audienzen, zu denen jeder Zugang hatte, förderte die Sozialfürsorge und das 1789 eröffnete Spital. Seine Hofapotheke gab kostenlos Medikamente an Bedürftige aus, er kümmerte sich um Waisenkinder und unterstützte eine Feuerversicherung für Hausbesitzer: »Es ist bekannt, mit welchem Eifer dieser Fürst alles betreiben läßt, was auf den Wohlstand seiner Unterthanen einen Einfluß haben kann.«

Carl Friedrichs Credo steht in einer »Antwort auf die Danksagungen des Landes nach Aufhebung der Leibeigenschaft«: »Möchte Tugend, Religion und Ehre uns zu einem freyen, opulenten, gesitteten, christlichen Volk noch immer mehr heranwachsen machen!« Seine Aufgeklärtheit wird deutlich: »Ein jedes Laster, ein jedes Verbrechen ist Irrthum, ist Thorheit; eine jede Tugend ist Weisheit.«

Mit dem Tod von Markgraf August Georg starb 1771 die Baden-Badener Linie aus: Baden-Durlach und Baden-Baden, seit 1535 geteilt, wurden zusammengelegt, die Größe des Landes vervielfachte sich. 1803 und 1805 kamen die Kurpfalz und andere Gebiete dazu; ein Historiker schrieb: »Im Jahre 1805 empfing Carl Friedrich den Breisgau«. 1806 wurde Carl Friedrich erster Großherzog. Bei seinem Amtsantritt konnte er vom Turm noch ohne Fernrohr die südliche Grenze seines Landes sehen, bei seinem Tod herrschte er bis an den Bodensee.

Dabei war längere Zeit nicht klar, ob Karlsruhe Residenz

bleiben sollte. Aber als er 1748 beschloss, das Schloss zu renovieren, und im Februar 1751 mit seiner Frau Caroline Luise in Karlsruhe einzog, wussten die Karlsruher, dass er in der Stadt residieren würde, und jubelten.

Caroline Luise, die »Vielwisserin und Vielfragerin von Baden«

Mit der gebildeten und charmanten Caroline Luise (1723-1783) wurde der Hof erstmals richtig lebendig. Sie war die erste Markgräfin, die hier auch wohnte. Die Familie mit den drei Söhnen Karl Ludwig, Friedrich und Ludwig lebte lange Zeit beengt, das Schloss wurde umgebaut, und das dauerte. Trotzdem empfing das Herrscherpaar, wie an anderen Höfen üblich, durchreisende Gäste, Berühmtheiten und Dichter. Der Philosoph Voltaire schwärmte von ihr: »Keine Französin gibt es, die so viel Geist, Wissen und Höflichkeit besäße wie sie.« Der englische Schriftsteller James Boswell blieb sogar einige Tage länger, statt nach Stuttgart zu fahren.

Caroline Luise war an der neuesten Mode interessiert und fuhr öfter nach Paris, sogar die Innenausstattung des Schlosses plante sie mit: Tapeten, Deckengemälde, Bildhauerarbeiten und Holzschnitzereien. Der berühmte französische Maler Joseph Melling wurde dafür extra eingestellt.

Im Schloss fanden Bälle und Empfänge statt, es wurde Theater gespielt, von ansässigen Liebhabern oder durchreisenden Theatertruppen, im Schloss oder in Orangeriehäusern am Linkenheimer Tor. Auch die Hofkapelle wurde wieder neu belebt. Caroline Luise hatte selbst eine solide musikalische Ausbildung und spielte elegant Spinett.

Sie malte und zeichnete gern und ließ sich regelmäßig Bilder aus Mannheim oder Darmstadt schicken, die sie kopierte. In der Kunsthalle sind noch heute Ölbilder und Zeichnungen von ihr zu sehen, ein Selbstporträt in Pastell, ein »Tod der Kleopatra«, eine Rötelzeichnung »Bildnis eines Gelehrten« und Radierungen. Ab Sommer 1759 begann sie Kunst zu sammeln. Der Straßburger Kunsthändler Jean-Henri Eberts hatte sie besucht und günstige Angebote gemacht. Bis Ende Dezember hatte Caroline Luise 18 Werke erworben, vier Jahre später schon 158. Sie sammelte vor allem niederländische Meister, aber auch Lorrain und Chardin. Aus ihrem »Mahlerey-Cabinet« entstand die Sammlung der Staatlichen Kunsthalle.

Sie begann jetzt, ihre Sammlung von Naturalien auszubauen. Aus Wien ließ sie sich Kisten mit 263 Mineral- und Erzproben schicken, aus Sibirien eine große Sammlung von Achaten, Jaspis- und Marmorsorten. Sie experimentierte in einem eigenen Labor mit chemischen Stoffen und führte einen langen Briefwechsel mit Frankreichs führendem Chemiker, Balthasar-Georges Sage. »In Botanik«, schrieb der Gelehrte Björnstahl, »ist sie so stark wie ein Professor.« Ihr Interesse an Pflanzen veranlasste den berühmten Carl von Linné, eine Pflanze nach ihr »Carolinea Louisa« zu benennen. Ihre Naturaliensammlung wurde zum Grundstock für das Naturkundemuseum.

Caroline Luise hatte als 15-Jährige bei Privatlehrern Deutsch, Französisch, Latein, Geschichte, Religion, Physik und Mythologie gelernt. Müßiggang kannte sie gar nicht: Sie betrieb Studien in den Naturwissenschaften, Mathematik, Medizin und Pharmazeutik und versuchte, ihre Güter »in einen florissanten Stand zu setzen«. Sie ließ sich vom Botaniker Joseph Gottlieb Koelreuter unterrichten und beschäftigte sich mit »Oeconomie, Frucht-Preiße und Verbeßerungen«. Sie kaufte eine Seifen- und Kerzenfabrik, gründete eine Papiermühle in Ettlingen und bewirtschaftete den Rittnerthof mit viel Erfolg. Sie las viel und ließ sich aus Paris sogar die Enzyklopädie von Diderot und d'Alembert schicken. Gelehrte empfahlen ihr neue Bücher, auch Fachbücher. Einmal schrieb sie: »Ich bin ebenso verrückt nach Bildern wie nach Büchern.« Und in einem Nachruf hieß es: »Oft kam sie vor zwey Uhr in der Nacht nicht von ihren Büchern.«

Der Schriftsteller Johann Kaspar Lavater nannte sie bewundernd die »Vielwisserin und Vielfragerin von Baden« und beschrieb sie als »prächtig und majestätisch, wie ich die russische Kaiserin mir vorstellte. Eine wohl gewachsene, männliche, etwa 50jährige Dame, ein tiefes, festes Aug unter einer hohen perpendicularen Stirn, eine treffende Sprache, gesetzgebieterisch, königlich.«

Mit ihrer Bildung und ihrer nie nachlassenden Neugier hatte sie großen Einfluss auf ihren Mann, dessen Biograph Drais schrieb: »In allen wichtigen Staats- und Haus-Angelegenheiten wurde und blieb sie sein geheimster Berather, weil sie einen durchdringenden und thätigen Geist mit einer Erhabenheit über eigene Herrschbegierde oder Nebenabsichten so verband, daß ihr stiller Einfluß Wenigen bemerklich war.«

Der Hof

Bei aller Offenheit gab es aber doch eine genaue Hofetikette: Ohne die Erlaubnis des Markgrafen oder des Oberhofmarschalls durften die Adeligen nicht verreisen. Auch die Kleidung war für Hofadel und Dienerschaft vorgeschrieben, sogar der Stoff war verordnet. Der Markgraf selbst, berichtet Björnstahl, »kleidet sich schlecht und recht, trägt fast beständig Stiefeln und Sporen; sieht's auch gern, wenn andere, sogar bei Hofe, in solcher Kleidung gehen.« Er fuhr in einem Wagen mit zwei Pferden aus, »ohne weitere Pracht. Dieser Herr ist zu sehr Philosoph, um dergleichen Glanz zu lieben.«

Die Bediensteten mussten einen untadeligen Lebenswandel führen, gehorsam und fleißig sein und regelmäßig am Gottesdienst teilnehmen. Wer im Schloss wohnte, musste, ab 9 oder 10 Uhr, »nach dem Zapfenstreich in seiner Schlafstätte sich finden lassen.« Die Diensthabenden mussten aufbleiben, »bis wir (der Markgraf) zu Bett seyn werden«. Trinken, Kartenspielen und Rauchen war ihnen verboten. Nicht den Herrschaften: Oft spielte man in geselliger Runde Karten, so dass die Markgräfin sich einmal beschwerte: »Mein Hintern klebt so sehr am Stuhl, dass ich nicht mehr kann.«

Persönlichkeiten am Hof

Carl Friedrich stellte gerne Männer ein, die sich durch wissenschaftliche oder literarische Arbeiten hervorgetan hatten. Wekhrlin schrieb: »Eben diejenigen Kosten, welche sich andere Prinzen machen, Kunststücke in Europa aufzukaufen, hat der Marggraf aufgewendet, eine Sammlung Männer von Talent anzulegen. Indem man solchergestalt dem Verdienste zu Carlsruhe die Thüre geöffnet hat, so haben sich fähige und geschickte Ausländer von allen Seiten eingefunden, und der

Das Karlsruher Schloss
im 19. Jahrhundert

Marggraf hat das Genie an seine Regierung geheftet. Die Folgen hievon sind herrschendes Licht in der Staatsverwaltung, Resonnanz zwischen den Departments, ein thätiger, erleuchteter und wirkender Wetteifer unter den Dienern, Rath und That im Kabinete.«

Der Theologe Johann Lorenz Böckmann lehrte ab 1764 am Gymnasium und richtete das erste naturwissenschaftliche Labor in Karlsruhe ein. Er schrieb Bücher über Mechanik, Naturlehre, Wetterkunde, Mathematik und Telegraphik. 1794 schickte er das erste Telegramm, das in Deutschland je versandt wurde, mittels eines eigenen Apparats vom Durlacher Turmberg nach Karlsruhe. Nur zehn Minuten dauerte die Übermittlung des Gedichts zum Geburtstag des Markgrafen:

Groß ist das Fest, und schön! Der Gute lebt
Um dessen Fürstenthron der Vorsicht Auge schwebt
Den seines Volkes Lieb', den Bürgertreu beglücket.
Heil ihm! So tönt es fern und nah!
O Fürst sieh hier, was Teutschland noch nicht sah,
Wie Dir ein Telegraph heut Segenswünsche schicket.

1803 wurde Heinrich Jung-Stilling Gesellschafter, Vorleser und Leibarzt des Markgrafen. Er hatte eine berühmte Autobiografie geschrieben, verfasste geistliche Lieder und mystische Romane und war ein begehrter Augenarzt. 1807 zog er ins Schloss, später in die Waldstraße 10. Er starb 1817 und wurde auf dem Hauptfriedhof bestattet.

Goethes Schwager Johann Georg Schlosser, Redakteur bei den berühmten »Frankfurter Gelehrten Anzeigen«, diente 1773 am Hof, ab 1774 als Oberamtmann und Oberamtsverweser in Emmendingen. Schlosser wollte »noch unmittelbarer zum Besten guter Menschen wirken.« Was ihm bei seiner Arbeit als Beamter nicht gelang, versuchte er wenigstens schriftlich festzuhalten, in »Anti-Pope oder Versuch über den natürlichen Menschen« (1776) oder »Plan und Fragment einer Weltgeschichte für Frauenzimmer« (1780). 1794 quittierte er den Dienst, weil ihm die Reformen des Markgrafen nicht weit genug gingen und er selbst zu wenig erreichte: »Mein Pfahl im meinem Fleische ist daß ich fast mit nichts als mit moralischen und politischen Hässlichkeiten zu thun habe.«

Der berühmte Botaniker Joseph Gottlieb Koelreuter wurde 1764 Direktor der fürstlichen Gärten. Seine Studien und Versuche beeinflussten später Gregor Mendel und die Genetik. Sein Nachfolger Christian Gmelin fuhr 1789 nach Spanien und Südfrankreich und brachte über 1600 Pflanzensamen mit, Gingko, Tulpenbaum, Weihmutskiefer. 1791 veröffentlichte er eine Liste seiner gezüchteten Pflanzen in dem Buch »Catalogus plantarum horti Botan. Carlsruhani«.

Berühmte Gäste

Häufig empfing der Hof Gäste. Als Begleiter des Prinzen Peter Friedrich Wilhelm von Holstein kam der berühmte Dichter Johann Gottfried Herder nach Karlsruhe. Er freundete sich mit dem Markgrafen an und schickte ihm 1787 seine Schrift »Idee zum ersten patriotischen Institut für den Allgemeingeist Deutschlands«. Darin propagierte er eine deutsche Nationalsprache, ein gemeinsames Geschichtsbewusstsein und eine gemeinsame philosophische Denkweise. Der Markgraf war begeistert von der Idee, die Deutschen zu einer gemeinsamen Nation zu erziehen, aber es wurde nichts aus dem Plan.

1774 besuchte Johann Caspar Lavater seinen Freund Schlosser. Er widmete dem Markgrafen den ersten Teil seines Buchs »Physiognomische Fragmente zur Beförderung der Menschenkenntniß und der Menschenliebe«. Lavater meinte, aus der Form des Gesichts und vor allem der Nase Rückschlüsse auf den Charakter ziehen zu können. Sein Buch war ein europäischer Bestseller, sein Autor ein Star.

1774 und 1779 reiste Goethe durch Karlsruhe. Begeistert war das selbstbewusste Genie nicht, mokant notierte er: »Hier sind die Kinder schön und allerliebst, der Markgraf gefällig und unterhaltend, die Markgräfin gesprächig, der Erbprinz in seinen Augenbrauen retranchirt aber gutwillig, die Erbprinzessin sehr passiv am Gängelbande der Frau Schwiegermama. So viel von der untertänigsten Sensation des ersten Tags.« Etwas später schrieb er: »Die Langeweile hat sich von Stund zu Stund verstärkt.«

1774 kam der damals berühmteste deutsche Dichter, Friedrich Gottlieb Klopstock, der Markgraf ernannte ihn zum Hofrat: »Ich freue mich, Sie persönlich kennen zu lernen und den Dichter der Religion und des Vaterlandes in meinem Lande

Amalie, die Schwiegermutter Europas

Durch eine geschickte Heiratspolitik verband sich Baden mit den Fürsten Europas. Vor allem Amalie Friederike (1754–1832), die Frau von Carl Friedrichs ältestem Sohn Karl Ludwig, verstand es, ihre Töchter an andere Höfe zu vermitteln, zumal sie alle als Schönheiten galten: Karoline (1776–1841) wurde Königin von Bayern, Friederike (1781–1826) Königin von Schweden, Luise (1779–1826) Zarin von Russland. Marie (1782–1808) wurde mit dem Herzog von Braunschweig-Wolfenbüttel verheiratet, Wilhelmine (1788–1836) mit Großherzog Ludwig von Hessen. Amalies einziger Sohn Karl heiratete 1806 Stéphanie von Beauharnais, die Adoptivtochter Napoleons. Er gilt als der Vater von Kaspar Hauser.

zu haben. Sie begehren einen uneingeschränkten Aufenthalt, und werden denselben bei mir jederzeit haben, die Freyheit ist das edelste Recht des Menschen, und von den Wissenschaften ganz unzertrennlich.« Klopstock blieb nur ein halbes Jahr, bei seiner Abreise schrieb der Markgraf: »Ich schreibe Ihnen wie mann einem Freund schreibt, gantz ohne Complimenten, und erwarte von Ihnen das nehmliche. Sie glauben nicht welch ein Lehres Sie in unserer hiesigen Gesllschaft gelassen haben.« Klopstock bekam lebenslang ein fürstliches Gehalt.

Umbau des Schlosses

Viele Teile des Schlosses waren baufällig, als Carl Friedrich und seine Frau einziehen wollten. Die Häuschen hinter dem Schloss drohten umzustürzen, da sie ohne Fundament gebaut

Das Schloss erhielt Mitte des 18. Jahrhunderts sein heutiges Aussehen, nur die geschwungene Turmhaube mit der achteckigen Laterne kam erst 1785 dazu. 1752 wurden Treppenhaus und Galerie zum Turm gebaut und der östliche Flügel renoviert. Sechs Jahre später erst war man so weit fertig, dass die markgräfliche Familie dort einziehen konnte. Die Schlosskapelle kam an das Ende des Ostflügels, in der Mitte des Schlosses lag der Marmorsaal, benannt nach der Stuckdekoration der Wände. Auch Wirtschaftsgebäude und Gärten wurden umgebaut. Auf der Ostseite entstanden Ställe und Wohnungen, die Hofapotheke, das Naturalien- und das Münzkabinett sowie die Hofbibliothek. 1758 wurden die beiden Wachhäuser gebaut und der Garten vor dem Schloss mit Obstbäumen bepflanzt. Der Westflügel wurde erst 1774 fertig.

waren. Sie wurden abgerissen, der Schlosspark in einen englischen Park umgewandelt. Carl Friedrich ließ in den weitläufigen Fasanengarten ein Jagdhaus mit chinesisch geschwungenem Dach bauen, setzte Hirsche und Rehe in den Park und Biber in die »Biberburg«. Später war das Jagdhaus eine Schule für die Prinzen. Der Architekt Leopoldo Retti legte Carl Friedrich Pläne für das Schloss vor, die aber nicht gefielen. Der berühmte Baumeister Balthasar Neumann musste sie überarbeiten. Erst die sich darauf stützenden Entwürfe des Hofjunkers und Oberbaudirektors Albrecht Friedrich von Keßlau wurden halbwegs akzeptiert. Aus Kostengründen wurde aber die Ausführung noch einmal reduziert: Es blieb nur eine »Haubt Renovation« übrig.

Kanal und Landgraben

Um die Steine für den Schlossneubau aus den Steinbrüchen im Pfinztal transportieren zu können, wurde die östlichste Radialstraße der Stadt gepflastert. Der Landgraben kam von Durlach, neben ihm lief eine Straße mit einer schönen Allee von italienischen Säulenpappeln, vom Markgraf gepflanzt. Er wurde zu einem »Steinschiffkanal« umgebaut, mit einer Landestelle am Rüppurrer Tor. Von der Schiffslände schlich der Landgraben hinter dem »Dörfle« vorbei, dann quer durch die Stadt. Er lief südlich am Rathaus vorbei, wo man noch heute eine abgeschrägte Ecke sieht, und querte den Friedrich- und den Ludwigsplatz. Fäkalien und Hausmüll wurden einfach hineingeworfen. Heinrich Vierordt schrieb, er sei »ein schwärzlich unheimliches Gewässer, drauf zerfetzte Zeitungen, abgebrochene Besenstiele, tote Katzen und ähnliche stolze Geschwader dem Rheine zu gen Niederland« trieben. Ihm war, als würde er »in das schwermütige Tal des Styx hinunterstarren.«

Stadtentwicklung

In der Mitte des Marktplatzes stand die Konkordienkirche, dahinter lag der Friedhof: Ende der 1990er Jahre fand man noch ein Skelett aus jener Zeit. Hier war die Grenze der Stadt. An der Ecke zur Langen Straße stand das Rathaus, mit Fleischbänken, die »einen hässlichen Anblick und zur Sommerzeit einen nachteiligen Geruch« boten. Auf der anderen Seite des Platzes befand sich die Schule, daneben das Pfarrhaus. An der östlichen Ecke zur Langen Straße war das Gymnasium, dahinter das Pfarrhaus der Reformierten, die »Kleine Kirche«, 1773 aus Stein gebaut. Sie hatte zunächst keine Glocken, der Anfang des Gottesdiensts richtete sich nach dem »Stadtgeläute« der Stadtkirche.

Carl Friedrich plante die Stadt neu. Natürlich auf dem Fächergrundriss seines Großvaters, den er nicht antastete. »Alle und jede Gebäude ohne Ausnahme, es seyen Vorder- oder Hinterhäuser, Scheuern, oder Stallungen« mussten aus Stein sein, zweigeschossig und massiv. Mit finanziellen Zuschüssen lockte er die Bauherren. Die Häuser sollten, wie schon zuvor, als Reihenhäuser gebaut werden und statt des Mansarden- ein Satteldach haben. Seine Bauvorschriften wurden nicht überall eingehalten, das wurde auch geduldet: Es war wichtiger, Wohnraum zu schaffen als die einheitliche Bauweise durchzusetzen. Die Häuser waren nicht nur rot, sondern in verschiedenen Farben angestrichen, die Gesimse grün.

Es gibt noch Zeugen dieser Bauweise: Das Haus mit dem Antiquariat in der Waldstraße stammt aus dem Jahr 1755, die kleinen Häuschen nördlich davon aus derselben Zeit. Wie die größeren Häuser mit ihren Toreinfahrten aussahen, ist in der Stephanienstraße zu sehen.

Lange fehlte es an Komfort für die Bürger. Nur wenige Straßen waren gepflastert wie die Waldhornstraße, alle anderen

Straßen waren aus Erde. Wenn es regnete, watete man durch tiefen Schlamm. 1784 schlug die Schlossbaudeputation die »architectonische Besserung dero Fürstlicher Residenz-Stadt Carlsruhe« vor, vor allem sollten die Baulücken geschlossen werden. Außerdem wurde ein »Projekt, die Erbauung und Erweiterung der Stadt Karlsruhe betreffend« erstellt. Südlich des Marktplatzes sah er einige Straßen und Plätze vor, Erbprinzenstraße, Rondellplatz, später Adlergasse und Spitalstraße. Langsam wurde nach Süden gebaut. Nur der Marktplatz mit der Konkordienkirche blieb unantastbar. Bis 1802, als Friedrich Weinbrenner seine Pläne »zur Vergrößerung der hiesigen Fürstlichen Residenz« vorlegte.

W. J. Müller

Wilhelm Jeremias Müller (1725–1801) baute viele Wohnhäuser und Schlossnebengebäude. Erhalten sind noch die »Kleine Kirche« und das Spital am Holzmarkt, dem heutigen Lidellplatz. 1777 schlug er vor, die Neubauten für das Jagdzeughaus, das Rüdenmeister- und das Hofgärtnerhaus in einer Anlage zusammenzufassen und sie in der Nähe des neuen Durlacher Tors zu bauen, zwischen Fasanengarten und Lange Straße. Im Zeughaus wurde die Ausrüstung zur Jagd gelagert: Kutschen, Gewehre, Netze, Pferdegeschirr, Sättel. 1806 wurde es um ein Stockwerk erhöht, heute ist die Universität in diesem Gebäude. Auch das »Gasthaus zum Grünen Baum« gegenüber dem Zeughaus baute Müller neu und schuf so einen ansehnlichen Eingang zur Residenz.

Revolution

1789 erschütterte die Französische Revolution ganz Europa. Viele französische Flüchtlinge kamen über den Rhein, außerdem revolutionäre Propaganda. In Durlach soll es sogar einen revolutionären Club mit über 5000 Anhängern gegeben haben.

Nach der missglückten Flucht des französischen Königs 1791 und dem folgenden Terror kam eine Welle von Emigranten nach Karlsruhe, manche hatten Freunde oder Familie in der Residenz. Über 500 Franzosen waren Mitte 1797 in der Stadt. Viele wohnten bei Verwandten, andere arbeiteten als Knecht oder Magd.

1793 mussten auch badische Truppen gegen die Franzosen ins Feld ziehen. In Karlsruhe wurde es unruhig, vor allem als die Franzosen den Krieg zu gewinnen schienen. Johann Georg Schlossers Tochter Lulu schrieb in einem Brief: »Heute morgen wurden wir durch ein Dacapo vom Ersten Oktober aus den Betten gejagt; die Franzosen wären 2 Stunden von hier. Nu! Das Rumor in Carlsruh wirst du dir denken können: der Generalmarsch wurde gleich geschlagen, alles versammelte sich wie der Bliz, die Fahnen, oder die Lümpcher, wurden geholt, der Markgraf, der Erbprinz, - alles war bei der Hand; und endlich nach manchem Abschiedskuß, Abschieds-Trauer- u. Haudegen-Gedanken, gieng der Marsch an, und vor unsrem Hauß vorbei, wo ich preislich, ganz alleine, an einem Fenster im Cabinet den ganz enormen Zug vorbei gehen sah. Die Nacht durch haben viele Leute schießen hören, und es soll auch tüchtig zugegangen sein«.

Mehrmals flüchtete die Markgrafenfamilie nach Ulm oder Ansbach. 1795 wurde Mannheim von den Franzosen eingenommen, der Markgraf ließ durch Freiherr von Reitzenstein einen Waffenstillstand aushandeln.

Sigismund K. J. von Reitzenstein

Sigismund Karl Johann von Reitzenstein (1766–1847) wurde im Alter von 22 Jahren Hofrat in Baden und Botschafter in Paris, 1808 leitender Minister. Er machte aus dem »Geheimen Rat« aus Kollegen Fachministerien und teilte 1809 Baden in Amtsbezirke und Kreise ein. Er knüpfte die Bande zwischen Großherzog Karl und Stéphanie von Beauharnais, der Adoptivtochter Napoleons. 1813, als Napoleons Stern zu sinken begann, verbündete er Baden mit Napoleons Feinden. Später arbeitete er an der badischen Verfassung mit. Er starb 1847 und erhielt ein Ehrengrab auf dem Alten Friedhof: »Des Vaterlandes Rat und Freund«, steht darauf. Von Reitzenstein ist der eigentliche Begründer des badischen Staates.

Erst 1801 herrschte endgültig Frieden: Napoleon hatte gesiegt. Da von Reitzenstein schon früh vermittelt hatte, profitierte Baden von Napoleons Erfolg. Der Markgraf erhielt einige Gebiete und Abteien dazu und wurde 1803 Kurfürst, 1806 Großherzog. Allerdings war er von Napoleon abhängig, über 7000 Badener mussten als Soldaten beim Russlandfeldzug mitmachen, fast alle kamen um. 1813, nach dem Tod Carl Friedrichs, wechselte Baden die Fronten und kämpfte gegen Frankreich. Erst der Wiener Kongress brachte 1815 wieder Frieden.

Schulen

Auf dem ersten Plan von Karlsruhe waren Schulen überhaupt nicht vorgesehen. Aber es ging bald doch nicht mehr ohne, auch wenn der Unterricht lange noch eher privat organisiert

Einheitliches Recht in Deutschland

Napoleon führte auch in Deutschland ein einheitliches Recht ein. 1809 erschien im Verlag C. F. Müller der »Code Napoléon mit Zusäzen und Handelsgesezen als Landrecht für das Großherzogthum Baden«. Es war das modernste Gesetzbuch der Zeit und fußte auf dem »Code Civile« von 1804, einem bürgerlichen Gesetzbuch mit 2281 Artikeln, das alle Rechte und Pflichten erfasste. Staatsrat Friedrich Nikolaus Brauer passte es an hiesige Gebräuche an. In § 155 hieß es: »Die Regel, daß ein Jeder fähig sei Verträge zu schließen, erleidet eine Ausnahme hinsichtlich: der Minderjährigen, der Entmündigten und der Ehefrauen.« Bis 1900 galt das Recht, bis zur Einführung des Bürgerlichen Gesetzbuches.

wurde. 1717 unterrichtete der erste lutherische Volksschullehrer, »Deutschschullehrer« hieß das damals, ab 1722 ein reformierter. Der Markgraf wollte zunächst die Bitte der Bürger abweisen, ihn zu bezahlen: zu wenig Einwohner, nicht genug Häuser, und außerdem verwies er auf ihre Abgabenfreiheit – da könnten sie den Lehrer selbst entlohnen. Schließlich gab er doch nach.

1721 war das »Gymnasium illustre« nach Karlsruhe gekommen und zog 1724 gegenüber dem Rathaus in ein eigenes Gebäude. Im selben Jahr gab es auch in Klein-Karlsruhe Unterricht. Deren Lehrer erhielt vom Markgrafen nichts, wegen mangelnder Kenntnisse und unsittlichen Lebenswandels, wie es hieß. Die Lehrer im »Dörfle« mussten lange vom Schulgeld leben. Für viele Schulen war es schwierig, einen geeigneten Lehrer zu finden, der reformierte Pfarrer notierte einmal: »Dermahlen haben wir uns auch einhellig entschlossen, unseren bißherigen Schulmeister, Organisten und Vorsänger wiederumb abzuschaffen wegen seiner unverantwortl. Liederlichkeit und Unfleißes.«

Erst 1751 gab es eine erste richtige Volksschule (Mädchen und Jungen natürlich getrennt), ab 1756 eine Schulordnung. Sie sah vor, »wie die liebe blühende Jugend« erzogen werden soll, nämlich »zur Forcht des Herrn, auch aller Christlichen Zucht und Erbarkeit«. Der Unterricht: Religion, Geometrie, Rechnen, Lesen und Schreiben. Trotz Schulpflicht (ab 1753) musste Schulgeld bezahlt werden, für die Armen zahlte die Stadt.

1768 gründete Carl Friedrich ein »Schullehrerinstitut« für Volksschullehrer. Sie lernten neben Theologie Klavier und Orgel, Schönschreiben und Seidenraupenzucht. 1774 wurde der Unterricht neu organisiert. Jetzt bildeten sich eigene Klassen für kaufmännisches Rechnen, Buchhaltung, Orthographie und Briefkunde heraus: Die Realschule war geboren. Viele Lehrer, auch der berühmte Johann Peter Hebel, unterrichteten am Gymnasium und in den Realschulklassen.

Zeitungen und Verlage: Michael Macklot

Die Karlsruher Filiale des berühmten Buchhändlers und Verlegers Cotta leitete in den 1750er Jahren Michael Macklot, dessen Vorfahren über Frankreich aus Schottland kamen und dort MacLeod hießen. Etwas despektierlich beschreibt ihn Otto Flake in einem historischen Roman: »Der sah nicht aus, als sei ihm schon im Himmel bestimmt worden, Verleger auf Erden zu sein und mit Poeten Hand in Hand zu gehen, sondern so, als halte er eine Bestellung des Ministeriums auf dreitausend neue Formulare für einen nahrhafteren Auftrag.«

1756 gab Macklot die erste Nummer der ersten Karlsruher Zeitung heraus, das »Carlsruher Wochenblatt«. Macklot publizierte Verordnungen, Gerichtsmeldungen und Bekanntmachungen, Meldungen, wer in das Zucht- und Waisenhaus eingeliefert wurde, und wie die Marktpreise sind. Es gab sogar schon Privatanzeigen. 1758 befahl der Markgraf den Bürgern sogar, Familienereignisse wie Geburten und Hochzeiten öffentlich bekannt zu geben.

Ein knappes Jahr später gründete Macklot die »Carlsruher Zeitung«, am 23. November erschien die erste Ausgabe mit Nachrichten vom Siebenjährigen Krieg. Als er 1791 dort Argumente gegen, aber auch für die französische Revolutionsverfassung publizierte, wurde er zu drei Tagen Haft verurteilt. Sein Sohn durfte sie für ihn absitzen. So liberal war man damals dann doch nicht, dass man öffentlich Argumente für die Revolution gestattet hätte.

1775 gab Macklot das »Allgemeine Intelligenz- und Wochenblatt für sämtliche Hochfürstliche badische Lande« heraus und erreichte damit drei- bis vierhundert Abonnenten. Die höchste Auflage hatte der »Historische Badische Landkalender« für die Landbevölkerung, die weder Bildung noch Zeit zum Lesen hatte; neben der Bibel war der Kalender in Buchform oft das einzige Buch im Haus.

Auch Bücher publizierte er: Liebesromane, Gedichte und Wissenschaftliches wie Johann Lorenz Böckmanns »Versuch ueber Telegraphic und Telegraphen nebst der Beschreibung und Vereinfachung des franzoesischen Telegraphen und der Anzeige einiger von ihm vorgeschlagenen neuen Methoden«. 1803 erschienen zum ersten Mal die »Allemannischen Gedichte« von Johann Peter Hebel, zunächst anonym publiziert. Spätere Auflagen wurden unter Hebels Namen veröffentlicht. Goethe schrieb später, Hebel habe »das Universum auf die naivste, anmutigste Weise verbauert«. Er meinte das als Lob.

Über Macklot und den Karlsruher Verleger Christian Gottlob Schmieder fand Goethe kräftige Worte. Bei Schmieder erschien die Reihe »Sammlung der besten teutschen Schriftsteller«, er druckte nach, was gefragt war, bezahlte den Autoren aber nichts: Es gab noch kein Urheberrecht. Goethe schimpfte: »Die Frau Markgräfin habe auch eine Papierfabrik angelegt, die Ware sei aber so schlecht geworden, daß man sie nirgends habe unterbringen können. Darauf habe Buchhändler Macklot den Vorschlag getan, die deutschen Dichter und Prosaisten auf dieses Papier abzudrucken, um dadurch seinen Wert in etwas zu erhöhen.«

C. F. Müller

Christian Friedrich Müller (1776-1821), Sohn des Hofbuchbinders Friedrich Müller, lernte Buchbinder und kam nach seinen Lehrjahren 1795 nach Karlsruhe zurück. Die Geschäfte wollten nicht recht gehen; erst mit dem markgräflichen Auftrag für das »Provinzialblatt« 1797 ging es aufwärts. 1804 sollte er das »bis auf anhero bloß in Abschriften vorhanden gewesene Landrecht und Landsordnung für die Markgravschaft Baden-Baden« herausgeben. 1809 publizierte er den »Code Napoleon mit Zusäzen und Handelsgesezen als Landrecht für das Großherzogthum Baden«.

Neben wissenschaftlichen Werken von Gmelin und Johann Gottfried Tulla (»Die sehr schöne und einzig richtige Charte«) veröffentlichte er auch Literatur: In seinem »Bureau der deutschen Classiker« druckte Müller Bücher von Goethe, Klopstock und Schiller. Sein Verlagssitz dehnte sich von der Ritterstraße Ecke Zirkel bis zur Lammstraße aus. Nach seinem Tod führte seine Witwe Ernestine Bouginé den Verlag weiter. 1832 bis 1834 erschien die erste Gesamtausgabe von Hebels Werken, später Trauerspiele vom Theaterintendanten Joseph von Auffenberg und grundlegende Werke von Hübsch und Tulla.

Buchhandlungen und Büchereien

1757 gründete Macklot eine Leihbibliothek, über die Bücher informierte sein »Carlsruher Wochenblatt«. Zu einem günstigen Preis konnte man deutsche und französische Romane ausleihen, die Titel waren vielversprechend wie »Schwachheiten des menschlichen Herzens bey dem Anfallen der Lieb«, es gab auch Komödien des Rokokodichters Christian Fürchtegott Gellert oder »Die Pietisterey im Fischbein-Rocke« des Aufklärers Johann Christoph Gottsched.

Der Drucker Raphael Marx führte ab 1816 ein Antiquariat und eine Leihbibliothek, in den zwanziger Jahren wurde von Müller und Gräff eine weitere Buchhandlung und von Bühler eine »Auktionsanstalt für Bücher und Kunstsachen« eröffnet. Leihbüchereien waren beliebt, der Historiker Hartleben stellte fest: »Jede derselben besteht aus mehreren tausend Bänden der vorzüglichsten Produkte der neuern deutschen und französischen Literatur, sowohl belletristischen, als auch historischen, geographischen, und politischen Inhalts. In der Sammlung des Hrn. Marx ist auch eine Kinderbibliothek gebildet, welche aus den vortrefflichen Schriften eines Campe, Weiße, Salzmann, Niemeyer, Heusinger, Lossius, Thieme u.m.a. besteht.«

Auch aus der fürstlichen Hofbibliothek konnte man ausleihen. Sie hatte einen Bestand von etwa 12 000 Bänden (laut Hofbibliothekar Friedrich Valentin Molter, ohne die Handschriften) und war ab 1767 in einem Gebäude östlich des Schlosses untergebracht. 1772 kamen 8 000 Bücher aus Baden-Baden dazu, und nach 1800, als viele Klöster und kirchliche Besitztümer aufgelöst wurden, viele kostbare Bände aus Kloster- und Kirchenbibliotheken.

Der Historiker Friedrich Weech berichtete: »Die Bibliothek steht Mittwochs und Sonnabends Morgens von 10 bis 12, Nachmittags von 3 bis 5 Uhr offen. Gleich beym Eintritte in den Saal rechter Hand ist ein kleines Kabinett für den Bibliothekar. Jeder Bewohner der Stadt, der sich mit Wissenschaften beschäftigt, hat hier freyen Zutritt. Man meldet sich zunächst bei dem Bibliothekar; hernach kann man nach seinem Gefallen in den verschiedenen Kabinetten herumgehen und sich selbst die Bücher von den Repositorien herunternehmen und sie entweder gleich dort gebrauchen oder sie mit nach Hause nehmen.« Vier Wochen durfte man Bücher ausleihen. Gab man sie nicht fristgerecht wieder ab, wurde man in der Zeitung namentlich dazu aufgerufen. Nur ein kleiner Kreis allerdings hatte überhaupt Zugang zu dieser Bibliothek: Die Benutzerordnung war lateinisch.

Lesegesellschaften

Die Bürger lasen Zeitungen und nutzten auch die Bibliotheken. Sie gründeten Lesezirkel, Vereine und Gesellschaften, trafen sich zu Diskussionen und Meinungsaustausch. Sie waren begierig auf Informationen, die nicht nur den Handel und damit ihren Beruf, sondern auch historische und politische Dinge betrafen. Natürlich liebten sie auch die gesellschaftlichen oder freundschaftlichen Treffen und die Zerstreuung.

1784 wurde die erste Lesegesellschaft gegründet. Sie traf sich in der Wirtschaft »Zum Goldenen Löwen« im »Dörfle«. Die vierzig Gründer legten in ihren Statuten fest, dass »nur Männer, die bereits ein Studium vollendet, oder sonsten Rang und Charakter haben«, Mitglied werden durften, vor allem

Mitglieder der »Museumsgesellschaft«, 1848

Adelige, Offiziere, Hof- und Staatsbeamte. Auch der spätere Großherzog Ludwig war Mitglied. »Krämer und Professionalisten« waren nicht erwünscht, bis auf Macklot, der allerdings den Titel Hofrat trug. Später ging es etwas liberaler zu, auch Frauen wurden zugelassen.

Man traf sich zweimal in der Woche, hörte Vorträge, las, diskutierte oder unterhielt sich. In späteren Statuten hieß es ausdrücklich: »Der Zweck der Verbindung ist: schöne Bildung des Geistes und Geschmacks, auch den guten Ton geselliger Freude zu befördern, und beydes im Kreise solcher Gebildeten zu genießen.« Die Gesellschaft war so begehrt, dass das Lokal bald zu klein war. Der Wirt Jakob Nägele kaufte ein Zirkelhaus zwischen Adler- und Kreuzgasse, das Kaffeehaus Drechsler.

1808 zog die Gesellschaft, die sich inzwischen »Museum«

nannte, an den Marktplatz, 1814 in ein eigenes Haus, das von Weinbrenner an der Ecke Rittergasse und Lange Straße erbaut wurde (heute Deutsche Bank). Das Haus kostete so viel, dass die Bausumme nur durch Kredite und Aktien und mit einem kräftigen Zuschuss des Großherzogs aufgebracht werden konnte. Schnell kam das Geld wieder herein, die Mitgliedschaft in der Gesellschaft war begehrt.

Das Haus war so groß, dass man darin auch Bälle, Feste, Ausstellungen und sogar Maskenbälle und Privatkonzerte vom Hoftheaterorchester veranstaltete. Manchmal spielten berühmte Musiker und Komponisten im »Museum«: Johannes Brahms kam mehrfach nach Karlsruhe, am 4. November 1876 wurde seine Erste Symphonie im »Museum« uraufgeführt.

1816 wurde eine zweite, die »Karlsruher Lesegesellschaft«, gegründet. Hier traf sich das gebildete Bürgertum als Konkurrenz zum »Museum«. 1818 hatte sie bereits 117 Mitglieder, Handwerker, Kaufleute und Bürgermeister. Man traf sich allabendlich, kaufte Zeitungen und Bücher und begann auch Feste zu veranstalten. 1818 hatte die »Lesegesellschaft« schon knapp 400 Bände, »worunter die Schriften Schiller, Göthe, Wieland, Lafontaine, Schilling, de la Motte Fouqué, etc. Lebens- und Reise-Beschreibungen und 16. theils bildende politische Zeitschriften sich vorfinden.« In den 1840er Jahren besaß sie ein Vereinslokal im ehemaligen Palais des Markgrafen Friedrich am Rondellplatz.

Eine weitere, rein private Gesellschaft entstand im Haus von Johann Wilhelm Hemeling, dem zweiten Hofbibliothekar: die »Gesellschaft zum Haarenen Ring«. Dieser kleine Kreis von nicht mehr als 36 Personen ließ auch Frauen zu. Man las sich gegenseitig vor und machte Ausflüge nach Beiertheim oder Picknicks. Über Politik oder Berufliches zu sprechen, verbot die Satzung. 1813 wurde die Gesellschaft mangels Interesse wieder aufgelöst.

Anfänge einer Großstadt

Die Linie Hochberg

1787, vier Jahre nach dem Tod seiner ersten Frau Caroline Luise, heiratete Carl Friedrich noch einmal. Der Historiker Carl Eduard Vehse meinte, er sei »noch in diesem hohen Alter zärtlichen Herzens und feurig wallenden Blutes« gewesen. Seine Frau wurde die vierzig Jahre jüngere Luise Caroline Geyer von Geyersberg (1768–1820), Reichsgräfin Freiin von Hochberg. »Ihr eigentlicher Liebhaber«, so der klatschhafte Vehse, »soll dessen jüngster Sohn Markgraf Ludwig aus seiner ersten Ehe, damals vierundzwanzig Jahre alt, der 1818 sukzedierte, gewesen sein.« 1801 starb Karl Ludwig, der älteste Sohn Carl Friedrichs, zehn Jahre vor seinem Vater. Nach Carl Friedrichs Tod starb 1812 der erste Sohn des Großherzogs Karl, 1816 auch der zweite. Jetzt, nach dem Aussterben der Zähringer Linie, wurden die Kinder der Hochberger Linie die Nachfolger des Großherzogs.

»Eifersuchten und Rücksichten«: Großherzog Karl

Großherzog Karl (1786–1818) galt als schwach, entscheidungsunlustig und war zeitlebens krank. Vehse meinte, er sei »ein träger, nachlässiger, misstrauischer, immer unentschlossener und immer zu Willkürlichkeiten neigender Herr.« Der preußische Gesandte Varnhagen erzählt: »Im Schlosse war eine ganze Reihe von Zimmern, die er nach und nach hatte schlie-

Kaspar Hauser

Am 26. Mai 1828 stand auf dem Unschlittplatz in Nürnberg ein etwa 16-jähriger Bursche, der nur einen Satz sprechen konnte: »Ä sechtene Reiter möchte ich wähn, wie mei Vottä wähn is.« Und einen Namen konnte er schreiben: Kaspar Hauser. Bei sich hatte er einen Brief, in dem behauptet wurde, er sei ein Findelkind. Sofort kamen Gerüchte auf, dass Frau von Hochberg den ersten, gesunden Sohn von Großherzog Karl und Stéphanie mit einem todkranken Kind vertauscht und den eigentlichen Erbprinzen hatte verschleppen lassen. Kaspar Hauser wuchs in Ansbach auf, lernte sehr schnell sprechen, lesen und schreiben und wurde eine europäische Berühmtheit. Im Dezember 1833 wurde er von einem Unbekannten erstochen. Akten und Originalbriefe verschwanden, Personen aus seinem Umkreis wie Anselm von Feuerbach starben auf mysteriöse Weise. Die Forschung geht inzwischen davon aus, dass er tatsächlich der badische Erbprinz gewesen ist: Eine DNA-Probe wies im Dezember 2001 eine fast hundertprozentige Übereinstimmung mit der DNA der badischen Linie auf.

ßen lassen, und in welche seitdem kein menschlicher Fuß noch Blick hatte dringen dürfen. Er pflegte von frühster Zeit her alles was er empfing, welcher Art und zu welchem Zweck es auch sein mochte, ruhig bei Seite zu legen; niemand durfte die Sache anrühren, auch er selbst nahm sie nicht wieder in die Hand, alle Versuche ihn zu einer Verfügung darüber zu bewegen, alle oft bekümmerten Bitten um Rückgabe, scheiterten an seiner eigensinnigen Trägheit; war ein Zimmer auf diese Weise genugsam gefüllt, so nahm er den Schlüssel zu sich, und in einem andern begann dasselbe Verfahren auf's neue.« Das

Hofleben »bestand fast nur in kleinlichen Eifersuchten und Rücksichten.«

1806 heiratete Karl Stéphanie von Beauharnais, eine Adoptivtochter Napoleons. Rahel Varnhagen sah, dass sie »unter allen Umständen zum Denken angelegt und fähig« war. Sie tat »ihr Möglichstes, dem Karlsruher Leben etwas mehr Trieb und Munterkeit zu geben.« 1811 bekam sie eine Tochter. 1818 starb Karl, Stéphanie erst 1860.

Die badische Verfassung

Im August 1818, wenige Wochen vor seinem Tod, unterzeichnete Großherzog Karl die erste konstitutionelle Verfassung, die ein deutscher Bundesstaat hatte: »Von dem aufrichtigsten Wunsch durchdrungen, die Bande des Vertrauens zwischen

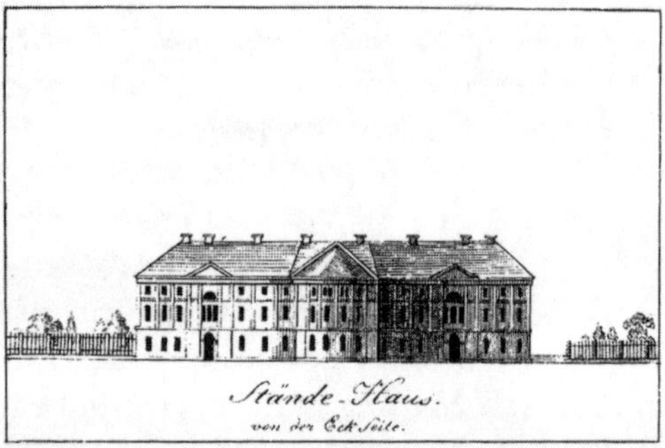

Deutschlands erstes Parlamentsgebäude: das Ständehaus

uns und unserem Volke immer fester zu knüpfen und auf dem Wege, den wir hierdurch bahnen, alle unserer Staatseinrichtungen zu einer höheren Vollkommenheit zu bringen, haben wir nachstehende Verfassungsurkunde gegeben und versprechen feierlich für uns und unsere Nachfolger, sie treulich und gewissenhaft zu halten und halten zu lassen.« Die Verfassung gestand allen Männern über 25 Jahren ein Wahlrecht zur zweiten Kammer des Parlaments zu (die erste war Angehörigen der traditionellen Führungsschichten vorbehalten), deren 63 Abgeordnete mit der ersten Kammer über die Finanzen bestimmen durfte und der Gesetzgebung in allen Dingen zustimmen musste, »die in die Freiheit der Personen und das Eigentum der Staatsangehörigen« eingriff. Die Debatten im Parlament waren offen und häufig sehr heftig.

Die gemeinsame Verfassung sollte den Badenern, die aus vielen Ländern und Herrschaften zusammenkamen, ein Zusammengehörigkeitsgefühl geben. Sie war nach dem Staatsrechtslehrer Karl von Rotteck »die Geburtsurkunde des badischen Volkes«. Das Parlament, die »Ständeversammlung«, tagte ab 1822 im »Ständehaus« neben der Stephanskirche, dem ersten eigenen Parlamentsgebäude in Deutschland überhaupt.

»Hep! Hep!« – Judenemanzipation und Antisemitismus

1809 erließ die Regierung das »Judenedikt«: Juden durften Handwerke lernen, erbliche Familiennamen wurden üblich und bürgerliche Ehen ohne Zustimmung der Kirchen möglich. Der Erlass war ein wichtiger Schritt zur Gleichstellung der Juden. Sie lobten denn auch die »wohlwollenden und humanen Gesinnungen des verehrten Großherzogs.« Die Badener aber wehrten sich, Handwerksmeister forderten von Juden ein höheres Lehrgeld. Gemeindevorsteher Herz Marx stellte fest, »dass der Zeitpunkt noch nicht vorhanden sei, wo man es in der Gewalt hat, mit christlichen Lehrmeistern bei der Annahme jüdischer Lehrjungen um die nemlichen Bedingungen übereinzukommen, unter denen sie die Lehrjungen ihres Glaubens annehmen«. Zumal Juden am Sabbat, von Freitagabend bis Samstagabend, Christen aber am Sonntag ihren Ruhetag haben.

Die Verfassung von 1818 aber war ein Rückschlag. Für alle Kirchen-, Militär- und Zivilämter kamen nur Christen in Frage: »Die politischen Rechte der drei christlichen Religionsteile sind gleich.« Juden waren damit ausdrücklich ausgeschlossen. Ermutigt durch diese juristische Ungerechtigkeit begannen um 1819 antisemitische Ausschreitungen, auch in Karlsruhe. Oft wurde der Schmähruf »Hep! Hep!« gehört, abgekürzt für »Hierosolyma est perdita«: Jerusalem ist verloren. In Karlsruhe verliefen sie aber glimpflich, das Militär hielt die Unruhestifter unter Kontrolle.

»Verschmitzter Herr«: Großherzog Ludwig

Ludwig (1763–1830) war der dritte Sohn von Markgraf Carl Friedrich und seiner ersten Frau Karoline Luise. Mit 55 Jahren wurde er Großherzog, Karl war ohne männlichen Erben gestorben. Er blieb unverheiratet und hatte ein Verhältnis mit einer Bürgerlichen, Katharina Werner, deren Kinder er zu Graf und Gräfin Langenstein machte. Er sanierte die Staatsfinanzen und gründete die erste polytechnische Hochschule in Deutschland.

Ludwig war, nach Vehse, ein »prononciert üppiger und debauchierter als gewalttätiger, verwegener und, um zu seinen Absichten zu kommen, verschmitzter Herr. Äußerlich wollte er den Schein größter Volksfreundlichkeit haben, insgeheim war er aber nur darauf bedacht, seine Minister und seine Stände zu täuschen.« Er versuchte erfolglos, die Rechte des Parlaments zu beschneiden und »fügte sich nur ungern in die Beschränkungen, die eine Verfassung dem Fürsten auferlegt.« Ludwig war aber gezwungen, die liberale Verfassung zu akzeptieren, denn mit ihr verbunden war die Anerkennung der Hochbergschen Linie, aus der er kam. Das eine war ohne das andere nicht zu haben.

»Bürgerfreund«: Großherzog Leopold

1830 übernahm Leopold (1790-1852) die Regierung, er wurde als »Bürgerfreund« begrüßt. 1819 hatte er seine Großnichte Sophie (1801-1865) geheiratet, die Urenkelin Carl Friedrichs. Er neigte dazu, sich von der Politik zurückzuziehen und galt, so Carl Eduard Vehse, als »ein Herr von geringen Eigenschaften; er trug ganz die Kennzeichen der Geistesschwäche eines von einem schon sehr abgelebten Vater im späten Lebensalter Erzeugten an sich. Ebensowenig wie durch seinen Geist war er durch seine Sitten ausgezeichnet, und diesen entsprachen seine Umgebungen, mit denen, namentlich mit seinen Stalleuten, er sich unterweilen zu sehr vulgären Vertraulichkeiten herbeiließ.« Die Regierung leitete eher sein Bruder Wilhelm mit der Unterstützung von liberalen Ministern wie Georg Ludwig Winter. Winter trat 1830 sein Amt an und lehnte eine Erhebung in den Adelsstand sogar ausdrücklich ab. Diese Regierung beschloss Reformen, die Baden stark veränderten: Die Fron und der Zehnte wurden abgeschafft, Baden trat 1835 in den deutschen Zollverein ein. 1849 zog sich Leopold von den Staatsgeschäften zurück.

Weinbrenner

»Bei meiner Rückkehr nach Karlsruhe sah ich mich ganz isoliert, von Künstlern und geschickten Bauhandwerksleuten entfernt, und musste mir daher bei der Ausführung meiner

Gebäude erst nach und nach die nötigen Gehilfen bilden und herbeizuschaffen suchen.« Mit diesen Worten beschreibt der berühmte Friedrich Weinbrenner seinen Anfang in Karlsruhe. Schon früher hatte er Pläne eingereicht, wie man seine Heimatstadt umbauen könnte, aber Stadtbaumeister Müller akzeptierte sie nicht. Erst als er Nachfolger von Müller wurde, konnte er ans Werk gehen. Er prägte die Stadt wie kein Zweiter.

Weinbrenners Hauptaufgaben als oberster Bauherr waren Umbau und Erweiterung der Stadt. 1802 legte er seinen »Entwurf zur Vergrößerung der hiesigen Fürstlichen Residenz« vor. Zunächst fehlte wegen der Revolution und der Kriege allerdings das Geld. Erst 1807 konnte er seine Pläne umsetzen.

Die Bürger wollten ein neues Stadtzentrum mit Rathaus am Marktplatz. Dort aber stand die Konkordienkirche im

Der Baumeister Friedrich Weinbrenner

Friedrich Weinbrenner (1766–1826) stammte aus einer Zimmermannsfamilie, sein Vater Johann Ludwig hatte schon am Schloss mitgebaut. Als Kind bat Friedrich »oft Gott auf den Knien, dass er die Welt nicht untergehen oder mich sterben lassen möchte, bevor er mich nicht in diesem Fache ausgezeichnet und so berühmt gemacht hätte wie dieser oder jener Meister …« Er studierte in Dresden, Wien und Rom, die Klarheit der antiken Bauten begeisterte und beeinflusste ihn sehr. 1797 trat er in badische Dienste und wurde Bauinspektor, 1809 Oberbaudirektor. Seine wichtigsten Bauten sind die Synagoge (1798–1800), die Evangelische Stadtkirche (1807–1816) und das Rathaus (1821–1825), das Markgräfliche Palais (1803–1814), die Stadtpfarrkirche St. Stephan (1808–1814) und die »Münze« (1826/27).

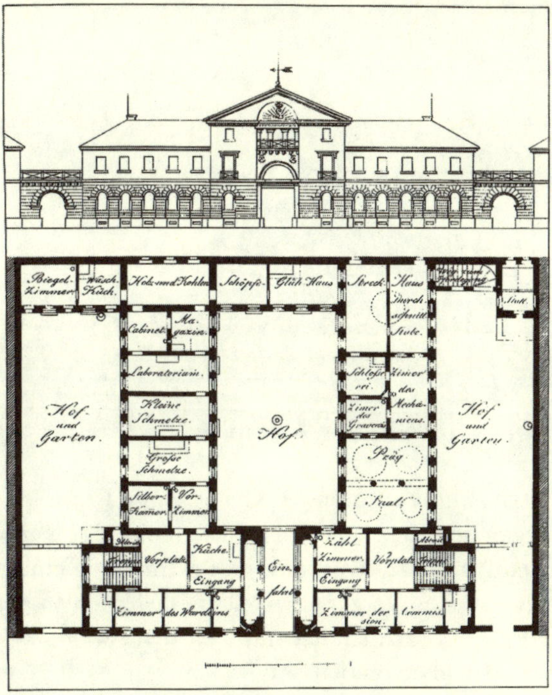

Grundriss der »Münze« von 1826

Weg, und das Grab des Stadtgründers wollte man auch nicht antasten. Schließlich erhielt Weinbrenner doch die Genehmigung zur Umgestaltung, die viele Jahre dauerte. Weinbrenner plante an der Stelle der Konkordienkirche sogar ein Denkmal. Als Übergang schlug er vor, dass »einstweilen ein anständiger hölzerner Überbau zu machen sey, biß das Monument auf die bestimmte Art dargestellt werden könne«. Das Monument mit Kolossalstatue wurde nie gebaut. Der »einstweilige« Übergang wurde zum Wahrzeichen der Stadt. Die öffentliche Toilette von 1925/26 direkt daneben, die bis heute existiert, bewies allerdings keinen besonders guten Geschmack der Stadt.

Die St. Stephanskirche: Vorbild war das römische Pantheon

Der Schirm in der Pyramide

1807 baute Weinbrenner eine hölzerne Pyramide als Denkmal, gegen den Regen mit Ölfarbe bemalt. 1825 wurde daraus eine Steinpyramide. Warum eine Pyramide? Weinbrenner sah darin »eine der Vergänglichkeit am mehrsten entgegenstrebende Form«. Tatsächlich hat sie sogar den Zweiten Weltkrieg unbeschadet überstanden. Außerdem war nach Napoleons Ägyptenfeldzug der Orientalismus »schick«, Odalisken, Sphingen oder eben Pyramiden waren in Mode.

1889 wollte man sie durch ein Reiterstandbild des Kaisers ersetzen. Der Großherzog beschloss, sich das Grab vorher anzusehen. Das Schloss war verrostet, wie Hofrat Jakob Friedrich Hemberger und Schlossermeister Blüm am 12. Juli, 4 Uhr morgens, feststellten. Erst einen Tag später gelang es, es zu öffnen. Im Inneren der Pyramide fanden Großherzog und Hofrat eine Kalksteintafel mit einem Plan der Stadt um 1820. Der Großherzog war so beeindruckt, dass er meinte, das Denkmal müsse an einen anderen Platz. Als man die Pyramide wieder verlassen hatte, vermisste Hemberger seinen Schirm: So begann eine beliebte Karlsruher Legende.

1998 öffnete man die Pyramide zum zweiten Mal. Oberbürgermeister und Stadträte stellten fest, dass die Steintafel in zwei Teile zersprungen war, vom Schirm des Hofrats keine Spur. Einen direkten Zugang zum eigentlichen Grab tief unten gab es nicht mehr, der war irgendwann vermauert worden und die Treppe, die zur Gruft führte, überbaut. Man bohrte ein Loch in die Decke, seitlich über dem Grab, und stellte durch eine Mikrokamera fest, dass der schlichte Sarg aus dunklem Holz besteht und sein Deckel an einer Stelle angebrochen ist. Immerhin konnte man jetzt in den Sarg sehen: »Außer einigen Knochen wurde gut erhaltenes Brokatgewebe sichtbar.« Nach dem Verlassen der Pyramide vermisste Oberbürgermeister Seiler seine Baskenmütze.

Die jüdische Synagoge

In der ganzen Stadt wurde gebaut: Kasernen, Schulen, Ministerien, Stadttore, Privathäuser, Denkmäler und Brunnen, Theater und Schlachthaus. Weinbrenners erster großer Bau allerdings war die Synagoge in der Kronenstraße.

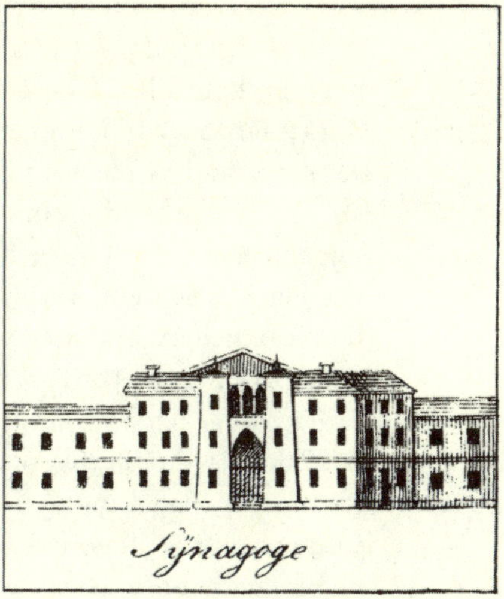

Die Weinbrenner-Synagoge in der Kronenstraße

Die jüdische Gemeinde war wohlhabend, sie konnte sich eine große Synagoge leisten. Das Grundstück in der Kronenstraße war schmal und stumpfwinklig zugeschnitten und deswegen schwierig zu bebauen. Weinbrenner löste die Aufgabe schnell: Am 2. Juni 1798 erteilte der Markgraf die Genehmigung, am 10. Juni erfolgte die Grundsteinlegung. 1800 fanden die ersten Gottesdienste statt.

Es war ein seltsamer Bau, der aus den Musterreihenhäusern orientalisch und romantisch-düster herausstach. Den Eingang flankierten zwei etwas ägyptisierende Pylonen. In der Mitte war ein gotisch aussehendes Spitzbogenportal, darüber drei Fenster mit Kuppeln und Andeutungen von mittelalterlichen Arkaden. Hinter dem Eingangstor führte ein Hof, von Säulen umgeben, zum Kultbau: eine Basilika mit antikem Tempelgiebel und einem großen Lünettenbogen, der das Tageslicht von oben hereinscheinen ließ. Bei einem Brand 1871 wurde die Synagoge zerstört.

Der neue Marktplatz

Ab 1806 lebten die Karlsruher fast zwanzig Jahre lang mitten in einer Baustelle. Überall klafften offene Baugruben, der Marktplatz wurde komplett niedergerissen und neu gebaut. Die neue Stadtkirche und das neue Rathaus plante Weinbrenner als Pendants, die einander gegenüber stehen. Mit ihren Eingangsfassaden und den Türmen beherrschen sie noch heute den Platz. Mit dem Abriss der Konkordienkirche begannen die Bauarbeiten. Die neue Kirche wurde 1816 eingeweiht, Nebengebäude und das Lyzeum wurden erst später fertig, das Rathaus sogar erst 1825. Der rechte Flügel mit einer Salz- und Mehlhalle und einer Fleischbank wurde zuerst gebaut, ab 1811 der hintere Flügel mit Feuerhaus und Lagerräumen. Das alte Rathaus wurde abgerissen, als der Rat in den neuen Räumen tagen konnte. Die neue Kirche wurde ein klassizistischer Monumentalbau, mit sechs mächtigen Säulen. Für die neuen Modellhäuser plante Weinbrenner »verschiedene Façaden die als Modell zu den 6 neuen Haeusern auf den Markt-Platz zu waehlen sind«.

Am Rondellplatz baute Weinbrenner für Staatsrat Wohnlich ein Haus an der Nordwestecke des Platzes. Gegenüber setzte er ein riesiges Palais: Der Markgraf hielt »für meine Gemahlin und meine gräflichen Kinder eine Wohnung von diesem Umfang und dieser Eintheilung notwendig«. Das Großherzog-Karl-Denkmal erinnert an die badische Verfassung von 1818.

Weiter nach Süden legte Weinbrenner das Ettlinger Tor mit zwei Wachhäuschen neu an, mit Inschriften und Giebelreliefs. Zwischen Rondellplatz und Ettlinger Tor weitete sich die Straße zu einem kleinen Platz mit Weinbrenners Wohnhaus. Die Ettlinger Straße lief ab 1803 direkt auf dieses Tor zu, von

Der von Friedrich Weinbrenner umgebaute Marktplatz

Südwesten die spätere Beiertheimer Allee, schon damals eine beliebte Promenade. Kam man als Spaziergänger von Süden, ergab sich ein schönes Bild: Man sah am Tor die Wachhäuschen, links lugten Weinbrenners Haus und die Gärten über die Mauer, daneben Bäume, Büsche und Türmchen, ein Vogelhaus, ein gotischer Turm im Erbprinzengarten: eine prächtige Skyline. Im Garten standen »uralte Eichen, es sind die letzten Sprösslinge des Hartwaldes, der die Gegend bedeckte, und ihre grauen kahlen Häupter neigen sich zum Untergange. Der Garten ist von dieser Seite durch keine Mauer geschlossen, sondern wird durch ein Haha (Zaun mit Graben), an welches sich fünfblätteriger Epheu herausrankt, von der da vorbei laufenden Kriegsstraße geschieden. Dieses gewährt eine erfreuliche Täuschung, denn in geringer Entfernung vom Rande des Grabens glaubt man, das weite blühende Gefilde bis Beiertheim hin gehöre mit in diese reizende Anlage.«

1872 wurde das Ettlinger Tor abgerissen, obwohl sich die Öffentlichkeit heftig wehrte: »Will denn Karlsruhe durch Wegräumung jeder Erinnerung im Taumel neuer Begeisterung nachgerade jegliche Pietät schwinden lassen?« fragten die Karlsruher Nachrichten.

Weinbrenner schuf übrigens auch die erste Fußgängerunterführung der Stadt: Sie verband die beiden Teile des Erbprinzengartens, den er mit Johann Michael Schweickardt als englischen Garten anlegte. Der Tunneleingang war düster wie ein schluchtartiges Felsental, der Tunnel wie eine geheimnisvolle Katakombe mit Ruhebänken, Wandnischen und einem Wandbrunnen. Der Kopf des Wasserspeiers wurde 1866 ausgebaut und kam in eine Mauernische unterhalb des Turms des ehemaligen Hofwasserwerks am Ahaweg.

Weinbrenner hegte viele Pläne, die meisten scheiterten am Geld. Nach seinem Tod knüpfte niemand mehr an seine Ideen an, die Zeit der geplanten Stadt war vorbei.

»Ein geistiger Genuß«

1835 wurden der Bürgerverein und die »Eintracht« gegründet. Die »Eintracht« sollte »für die Erheiterung und Erholung« seiner Mitglieder sorgen, aber auch für Bildung. Sie tagte im ehemaligen Café Frey in der Karl-Friedrich-Straße, einem großen Haus mit Billard- und Spielzimmer, Ballsälen, einer Bibliothek und einer Kegelbahn. Sie »vereinigt die mittleren und niederen Beamten, die Kaufleute, Handlungsdiener, Polytechniker usw.« Ingenieur Albert Bürklin beschrieb in seinem Roman den »Kanzleirath« und seine Frau: Die »muß abends ihr Erholungsstündchen haben, bei einem guten Buche aus der Bibliothek der ›Eintracht‹. Sie verkümmert ja sonst ganz und gar und nach der körperlichen Anstrengung des Tages erfrischt sie abends ein geistiger Genuß. Paul Heyse ist ihr Liebling und die Marlitt und der Werner, der eigentlich eine Sie ist und Bürstenbinder heißt. Auf wissenschaftliche Vorträge ist Frau Therese ganz besonders erpicht; sie versäumt keinen, wenn ein Professor einen in der ›Eintracht‹ hält. Deshalb sind ihr aber auch die ›Anatomie des Herzens‹, die ›Eigenschaften Cromwells‹, ›das Telephon‹ und ›daß wir Menschen von den Affen abstammen‹, keine Geheimnisse mehr.«

Musikfreunde trafen sich in Gesangs- und Musikvereinen, der »Harmonie« oder dem Cäcilienverein, Freunde des Frohsinns in der »dem Humor verpflichteten« Gesellschaft »Bärenzwinger«, Fitness-Bewusste im »Allgemeinen Turnverein«. Der annoncierte 1846 im Tagblatt: »Das Turnen in der neuen, sehr geräumigen und zweckmäßig eingerichteten Turnhalle, hinter der Keßler'schen Fabrik, hat begonnen und wird den Winter hindurch an den bestimmten Turntagen Dienstag, Donnerstag und Samstag, Abends von 7 bis 8 ½ Uhr bei guter Beleuchtung regelmäßig fortgesetzt.« Im Verlag C. F. Müller erschienen Turntafeln mit »Bügelübungen« und »Sprungstreckübungen«.

»Mit dem Pfeiflein applaudiert«: das Theater

1808 konnte der erste Theaterbau eingeweiht werden. Er bot Platz für 2000 Zuschauer, ein »Speiß- und Caffeehaus« gehörte auch dazu. Das Theater hatte ein festes Ensemble und mit Wilhelm Vogel einen eigenen Intendanten. Mit ihm war aber das Publikum nicht zufrieden und störte die Aufführungen durch »Zischen, Pfeifen, Trampeln« und hat, wie Hebel schreibt, »mit dem Pfeiflein applaudiert«. Vogels Nachfolger befriedigten das Publikum durch Ritter- und Rührstücke und blutrünstige Revolutionsopern. Es gab aber auch Klassisches: Shakespeare, Lessing, Molière, Kleist, Grillparzer, Schiller und Goethe.

Das »literärische Karlsruhe«

Rahel Varnhagen und Ludwig Robert

Ludwig Robert, der Bruder von Rahel Varnhagen, war sehr erfolgreich. 1778 wurde er als Liepmann Levin geboren, nahm um 1800 den Namen Ludwig Robert an und ließ sich taufen. Ab 1803 publizierte er Stücke, Romane und Gedichte, Komödien und Trauerspiele, hoch gelobt von Heinrich Heine. 1817 kam Robert nach Karlsruhe und lernte Friederike Primavesi kennen, die Schwester des Verlegers Gottlieb Braun. 1822 heirateten sie, zehn Jahre später starben beide in Baden-Baden an Typhus.

Rahel Varnhagen lebte von 1816 bis 1819 in Karlsruhe. Geboren 1771 als Rahel Levin, nahm sie 1810 den Namen Antonie Friederike Robert an. 1814 ließ sie sich taufen und heiratete Karl August Varnhagen van Ense, ab 1816 preußischer Geschäftsträger am badischen Hof. Sie wollte, wie in Berlin, einen Salon gründen, es gelang ihr nicht. »Karlsruhe ist ein schöner, unbequemer Ort: die Unbequemlichkeit liegt in der

Prätention eines großen, ohne dessen Ressourcen zum Nutzen oder Vergnügen, und in der Beschränktheit und dem Stagnierenden eines kleinen.« 1833 starb sie.

Johann Peter Hebel

Johann Peter Hebel (1760-1826) stammte aus Wiesental bei Lörrach und war ab 1791 Lehrer am Gymnasium. Er musste auch predigen und hatte davor große Angst: »Hören und Sehen verging mir, als ich mich so von einem Meere von Hauben und Frisuren umfluthet sah. Die Leute sehn alle so kennerisch aus. Ich bin so stolz, daß kaum die Hälfte Zuhörer, höchstens 2 oder 3 mehr, einschlieffen.« 1798 wurde Hebel Professor extraordinarius und wohnte in seiner Dienstwohnung neben der Kirche. 1803 veröffentlichte er anonym »Allemannische Gedichte«, Chroniken des bäuerlichen Lebens. Goethe lobte sie, schnell waren Neuauflagen notwendig, die den Verfasser dann auch nannten. Hebel bescheinigte sich, es sei ihm gelungen, »unsere sonst so verachtete und lächerlich gemachte Sprache klassisch zu machen«. Ab 1808 schrieb Hebel für den badischen Landkalender, den »Rheinländischen Hausfreund«, Geschichten, die 1811 in dem Buch »Das Schatzkästlein des rheinländischen Hausfreundes« zusammengefasst wurden. 1819 wurde Hebel Prälat der evangelischen Kirche und Mitglied im Landtag. Jacob Grimm, der ihn 1814 besuchte, schrieb: »Er klagte über Mangel an Zeit.«

Verlag G. Braun

1813 eröffnete Gottlieb Braun (1783-1835) eine Sortiments- und Verlagsbuchhandlung im Vorderen Zirkel 12. »Ableger« davon existieren bis heute, als Buchhandlung in der Kaiserstraße, als Buchverlag in der Kaiserallee und als Telefonbuchverlag in der Erbprinzenstraße. 1815 publizierte Braun die Anthologie »Das literärische Karlsruhe«, später Bücher von Heinrich Jung-Stil-

Wegweiser

für die

Großherzogliche Residenzstadt

Karlsruhe.

Herausgegeben

von

den Polizey-Commissairs

von Rady und Scholl.

1818.

Preis 30 kr. ohne den Plan der Stadt.

— 1 fl. 21 kr. mit demselben.

Karlsruhe,

im Verlage von Gottlieb Braun.

Ein frühes Werk aus dem Hause G. Braun: Der Wegweiser von 1818

ling und Justinus Kerner: die »Geschichte zweyer Somnambülen, nebst einigen andern Denkwürdigkeiten aus dem Gebiete der magischen Heilkunde und der Psychologie«. Durch seine Schwester Friederike und ihren Mann bekam Braun Kontakt zu vielen jungen Autoren. Friederike dichtete auch selbst und half bei der Arbeit am Almanach »Rheinblüthen«. Wichtiger als die literarischen Publikationen waren für den Verlag Lexika, Schulbücher, historische und heimatkundliche Werke, wie 1817 die »Badische Geschichte« von Aloys Schreiber. 1828 wurde Braun Hofbuchhändler und Hofbuchdrucker.

Gasanstalt und Verkehr

Im Dezember 1846 gab es eine Sensation: die Straßenbeleuchtung durch Gaslaternen. Bis dahin standen in den Straßen Öllampen mit Rapsöl. Die englische Firma Barlow und Manby baute an der Kaiserallee eine »Gasanstalt« und beleuchtete am 30. November, um halb zehn Uhr abends, das Karl-Friedrich-Denkmal am Schlossplatz.

Eine der neuen Gaslampen verursachte den Brand im Theater. Am 28. Februar 1847 fingen einige Vorhänge Feuer, schnell brannte das ganze Haus, 65 Menschen starben. Kanzleigehülfe Betzner berichtete: »Wir waren mitten im Parterre; wir haben gleich hinaufgeschrien, daß sich die Leute von der dritten Gallerie retten sollten. Eine fremde Dame hat mich hinten am Rock bekommen und gehalten; ich wollte sie hinausbringen, es hat sich aber im Parterre rechts gestopft. Da habe ich gesagt, es wäre die höchste Zeit und habe geschoben. Wie ich mit der

Der Brand im Hoftheater 1847

Dame hinausgekommen bin, weiß ich nicht. Als ich aber draußen war, stand ein Mann da und wollte die Leute mit einer Stange aufhalten, da hat ihm Einer eine Ohrfeige gegeben, daß er an die Wand gefahren ist.«

Noch in den 1820er Jahren war man auf Postkutschen oder Pferde angewiesen oder man musste zu Fuß gehen. Zweimal in der Woche fuhr eine Kutsche nach Baden-Baden (vier Stunden), dienstags nach München (2 Tage) über Stuttgart (achteinhalb Stunden). Oberpostmeister von Cronfels richtete ein Oberpostamt in der Kreuzstraße ein und verkaufte auch Schiffskarten. 1827 machte das Schiff »Leopold« Probefahrten auf dem Rhein, 1830 die erste richtige Reise. Ab 1831 fuhr das Schiff regelmäßig alle vier Tage von Mainz nach Schröck und am nächsten Morgen wieder zurück. »Omnibusfuhrwerke« mit 24 Sitzplätzen fuhren die Reisenden von der Kreuzstraße zur Anlegestelle an den Rhein, und es gab Fahrkarten bis nach London. 1833 baten die Einwohner von Schröck, ihren Ort umzubenennen: Leopoldshafen sollte er jetzt heißen. Rund 20 Jahre später wurde der Hafen Maxau ausgebaggert, jetzt pendelte eine Bahn regelmäßig dorthin.

Eisenbahn

Im Dezember 1835 fuhr zwischen Nürnberg und Fürth die erste Eisenbahn Deutschlands, auch der Großherzog hatte sich inkognito unter die Zuschauer gemischt. Nur fünf Jahre danach wurde die erste badische Bahnlinie eröffnet, 1843 fuhr der erste Zug von Karlsruhe nach Heidelberg. Der Lokomotivführer der ersten Karlsruher Bahn war Hans Georg Benz, der Vater von Carl Benz.

Hofrat Dr. Muhl schrieb: »Die Schnelligkeit ist außerordentlich. Man kommt, wie durch einen Zauberschlag, von einem

Carl Benz

Carl Benz (1844–1929) kam 1860 an das Polytechnikum: »Da wurde entworfen, konstruiert, differentiiert und integriert, daß es eine Freude war.« Er wurde Schlosser und dann Konstrukteur in Mannheim und Pforzheim. 1871 gründete er seine erste »mechanische Werkstätte« und baute schon bald die ersten Autos, die mit 10 km/h dahinrasten. Die erste »Fernfahrt« ging im Sommer 1888 nach Pforzheim. Als die Benzinzufuhr verstopft war, wurde sie mit »Mutters Hutnadel« gereinigt. Benz entwickelte 1878 den Zweitaktmotor, 1885 einen dreirädrigen Viertakter mit elektrischer Zündung. 1883 gründete er seine Firma, die 1926 mit Daimler fusionierte. Noch lange sagten die Badener zum selben Auto »Benz«, die Württemberger »Daimler«.

Ort zum andern.« Allgemein herrschte die Meinung, dass Zugfahren, mit 30 km/h, gesundheitsschädlich sei. Der Hofrat widerlegte diese Vorbehalte nach einem Selbstversuch: »Ich empfand nicht die geringste Beklemmung oder Schwierigkeiten im Athemholen. Um mich jedoch auf's genaueste von allem selbst zu überzeugen, habe ich auf einer Fahrt von zehn Stunden Weges, von Brüssel nach Antwerpen, beständig den Kopf zum Wagen hinaus gestreckt, gegen die Luftströmung, bei starkem Winde, aber auch hier nicht die geringste Unbequemlichkeit oder Schwierigkeit beim Athmen empfunden.«

Dennoch, ganz ungefährlich war es auch nicht, manchmal erlitten Passagiere Schussverletzungen, andere brachen sich die Beine, ein offizieller Bericht listete sie alle auf: »Lammwirth Holzmüller von Oberöwisheim: Beging die Unvorsichtigkeit, bei vollem Lauf der Maschine vom Wagen herabzuspringen, um seiner durch den Wind entführten Mütze nachzulaufen.«

Der erste Bahnhof wurde 1841 von Friedrich Eisenlohr am Ettlinger Tor gebaut, mit einem schlanken, hohen Uhrenturm. Täglich fuhren vier Züge zwischen Mannheim und Karlsruhe. Eine Linie nach Pforzheim wurde 1859/60 gebaut, 1862 zweigte eine Linie nach Maxau ab, sie wurde 1865 nach Wörth weitergeführt. Es war bald schick, mit der Eisenbahn zu fahren. Bürklin schrieb satirisch: »Zweimal im Jahr werden mit der ganzen Familie Eisenbahnausflüge ›ins Gebirge‹ gemacht, am Ostermontag nach Durlach auf den Turmberg und am Pfingstmontag nach Ettlingen auf den Hellberg.«

Freiherr von Drais

Der »verrückte Baron« (1785-1851) studierte in Heidelberg Forstwirtschaft und fing bald an zu tüfteln, forschen und erfinden: Er verbesserte eine »Notenschrift-Maschine«, erfand ein Periskop und eine Schreibmaschine und entwickelte eine »Methode zur allgemeinen Entwicklung der Wurzeln aller möglichen Gleichungen jeden Grades«.

Im Dezember 1813 führte er seine »Fahrmaschine ohne Pferd«, mit der man »in einer Stunde Zeit zwei Stunden Weg fahren kann«, dem russischen Zaren vor, im Park des Amalienschlösschens: »Der Monarch hatte daran Wohlgefallen, verlangte am folgenden Tag die nochmalige Vorzeigung, äußerte ›c'est ingénieux‹ und sandte dem Erfinder einen brillantenen Ring für das Vergnügen.« Tulla und Weinbrenner kamen zu einem anderen Schluss: »Wir können der Draisischen Fahrmaschine gar keinen wesentlichen Zweck beilegen, weil jedermann, der Füße hat, dieselben für seine Ortsveränderung weit besser auf eine natürliche Art gebrauchen kann.«

Vier Räder hatte das Gefährt damals noch, erst 1817 wurde daraus das Fahrrad. Drais sollte als Ehrenprofessor nach Paris,

Der Freiherr von Drais auf seiner »Schnelllaufmaschine«

um dort seine »Draisine« vorzuführen. Er bat um Reisegeld, ein Finanzbeamter schrieb zurück und fragte, »ob, da von Drais in seiner jetzigen Eigenschaft kein Dienstpferd mehr braucht, der Bezug der von ihm hierfür ausgeworfenen 45 Gulden (Hafer etc.) zu sistieren sein dürfte.« Die Begeisterung flaute schnell wieder ab. Drais, der noch eine Kochmaschine und einen Sparofen erfand, hatte nur noch wenige Erfolge. Varnhagen schrieb: »Er war bei allen seinen Kenntnissen und Erfindungen, was man in Berlin einen Dämel nennt, ein Halbnarr, der immer etwas vorhatte und betrieb. Die Gesellschaft ergötzte sich an solchem törichten Wesen.« Drais verbitterte, wurde querulantisch und fiel den Behörden und seiner Familie zur Last. Entmündigt starb er 1851.

Die Rheinkorrektion

Der Rhein war ein Ärgernis. Ständig veränderte er seinen Flusslauf und erschwerte die Schifffahrt, ständig trat er über die Ufer und überflutete Wälder und Felder. Schon länger war über eine Begradigung nachgedacht worden. Beim Bau des Murgkanals 1780 und mehreren Neckardurchstichen 1790 hatte Tulla bewiesen, dass durch Dammanlagen und eine Vertiefung des Flussbettes auch die Überschwemmungen beherrscht werden konnten. Mit Längsdämmen wurde der Rhein gerade gerichtet und mit Querbauten eingeengt. Erst lange nach Tullas Tod wurde das Unternehmen beendet.

Die Hochschule

»Soll in Baden«, sagte Tulla in einem Vortrag 1810, »der Wasser- und Straßenbau nach Regeln der Kunst geführt und dadurch Zweckmäßigkeit und Kostenersparnis bewirkt werden, so ist die Organisation eines eigentlichen Ingenieur-Corps nothwendig. Für ein solches Corps ist aber eine Direktion erforderlich, welche das Ganze leitet. Ohne eine solche Direktion wird, wie seither, jeder Ingenieur in dem ihm vorgezeichneten Wirkungskreis die Arbeiten nach seinen Ansichten behandeln, mithin kein System in den ganzen Geschäftsgang kommen.«

Tulla gründete 1807 nach französischem Vorbild der École polytechnique ein Ingenieursstudium, das Handwerker und Techniker in Mathematik und Naturwissenschaften ausbildete - eine Polytechnische Schule. Sie bezog Räume im Lyzeum, 1836 in dem von Hübsch entworfenen Bau in der Langen Straße, unterstand dem Innenministerium und war auch für Ausländer offen, also für Hessen oder Württemberger. 1885 wurde sie Technische Hochschule.

»Venedig des Südwestens«

Gemeinsam dachten Tulla und Weinbrenner über einen Kanal vom Rhein nach Karlsruhe nach, bis zur heutigen Moltkestraße. 1809 planten sie ein Hafenbecken mit Kaufhäusern auf dem Gelände des heutigen Bismarckgymnasiums. Ein Plan von 1812 sah einen Hafen beim Ettlinger Tor vor, mit einem zweiten Marktplatz. Aus den Plänen wurde aber nichts. Ebensowenig aus Tullas Idee, in Karlsruhe Kanäle und baumbestandene Grachten anzulegen, gespeist von Alb und Murg: Karlsruhe wäre bestimmt das »Venedig des Südwestens« geworden.

Johann Gottfried Tulla

Johann Gottfried Tulla wurde 1770 in Karlsruhe geboren. 1797, im gleichen Jahr wie Weinbrenner, trat er in markgräfliche Dienste. 1807 gründete er eine Ingenieurschule, aus der die heutige Universität hervorging. Ab 1817 korrigierte er den Lauf des Oberrheins, was den Fluss insgesamt um 80 Kilometer verkürzte. Tulla starb 1828 in Paris.

Kunst

1818 wurde der Badische Kunstverein von kunstinteressierten Bürgern gegründet. »Sinn und Liebe für die bildende Kunst« wollte man fördern. Zunächst noch in der Karlsruher »Museumsgesellschaft«, machte er sich 1823 selbstständig. Sonntags nach dem Kirchgang traf man sich und diskutierte über Kunst.

1837 bis 1845 wurde von Heinrich Hübsch die »Großherzogliche Gemäldegalerie« (Kunsthalle) am Eingang zum Zirkel gebaut. Vor allem die Treppenhaus-Wandmalereien von Moritz von Schwind (1840–44: »Die Einweihung des Freiburger Münsters«) macht sie selbst zu einem Kunstwerk. Nach dem Hofmaler Carl Kuntz wurde Carl Ludwig Frommel 1830 Direktor der Großherzoglichen Gemäldegalerie (bis 1858) und war 1832 bis 1845 auch Präsident des Badischen Kunstvereins.

Heinrich Hübsch

Heinrich Hübsch (1795–1863) studierte in Heidelberg, Karlsruhe, Italien und Griechenland und wurde 1842 Nachfolger von Weinbrenner, er baute die Töchterschulen in der Lindenstraße, das Theater, einige Zirkelgebäude, die Kunsthalle und die Orangeriegebäude mit hochmodernen Eisenkonstruktionen. Von Weinbrenners klassizistischer Bauweise wandte er sich ab und propagierte eine Architektur, die vor allem den Zweck des Baus und die Bauweise sichtbar werden lassen sollte. »In welchem Style sollen wir bauen?« fragte Hübsch in einem Buch; sein Vorbild war die italienische Renaissance: Klar und durchsichtig sollten die Konstruktionen sein.

Zu Hübschs Zeit wurde die geometrische Planung der Stadt aufgegeben. Schon die großen Bauten, Polytechnikum und Bahnhof, passten nicht mehr zum geplanten Gesamtkunstwerk Stadt. Hübsch und viele Kollegen, Friedrich Eisenlohr, Friedrich Th. Fischer und Joseph Berckmüller, kamen zwar aus Weinbrenners Schule, lösten sich aber von seinem Stil. Es war der Beginn einer Stilvielfalt, die Abwechslung brachte, aber auch Unruhe und Konzeptlosigkeit.

Revolution in Baden 1848

Nach den Kriegen gegen Napoleon herrschte zunächst wieder Ruhe in Baden. Das Land war groß und stark, die Residenz entwickelte sich langsam zu einer Großstadt.

Auch in Baden forderten immer mehr Bürger demokratische Freiheiten, vor allem die Pressefreiheit und die Abschaffung der Zensur. In der badischen Verfassung 1818 wurde sie gewährt, aber die Karlsbader Beschlüsse legten 1819 die Zensur noch einmal fest. Großherzog Leopold hob 1832 »alle Zensur der Druckschriften, welche im Großherzogtum herauskommen oder verbreitet werden«, auf. Jetzt konnten die Zeitungsverleger auch liberale Artikel drucken: Bei C. F. Müller erschien das »Journal Universel« mit Nachdrucken ausländischer Artikel, Philipp Macklot übernahm Artikel aus dem liberalen »Frei-

Aufstände und Revolten in Europa

In dieser Zeit gab es die ersten demokratischen Erhebungen in Europa, die Bürger wollten selbst über ihr Schicksal bestimmen. 1830 fegte die Julirevolution in Frankreich die Bourbonen-Dynastie vom Thron und etablierte eine neue. Im gleichen Jahr revoltierten die Belgier, die Polen lehnten sich gegen die Russen auf. Die polnische Nationalregierung wurde 1831 von den Russen niedergeschlagen. In ganz Deutschland sammelten die Bürger Geld für die unterdrückten Polen. Auch in der Schweiz und Italien gab es 1830 Aufstände.

sinnigen«, Friedrich Wilhelm Hasper und Karl Mathy gaben ein »Volksblatt« mit dem Titel »Der Zeitgeist« heraus. Aber Preußen und Österreich ließen die Bundesversammlung verkünden, dass die Pressefreiheit verfassungswidrig sei: Es wurde wieder zensiert. Auch »Der Zeitgeist« musste eine Vorzensur durchlaufen und erschien häufig mit leeren Seiten. Mathy unterlief später die Behörden: In Karlsruhe verteilte er das zensierte (genehmigte) Blatt, im Land aber eine andere, schärfere, weil unzensierte Version. Sein Freund, der spätere Oberbürgermeister Jakob Malsch, druckte die Zeitungen und bekam dafür regelmäßig Geldstrafen, die er gern in Kauf nahm.

Wirtschaftskrise

Eine der Hauptursachen für die Revolution waren die wirtschaftliche Krise der vierziger Jahre und die Hungersnöte. Im Frühjahr 1847 stiegen die Brotpreise in drei Monaten um ein Drittel, Lebensmittel wurden Spekulationsobjekt, die Armen hungerten. Im Mai 1847 beschloss der Stadtrat, die Brotpreise festzulegen und Getreide zu kaufen: Sie wollten »Brotaufstände« vermeiden, die es in Stuttgart, Ulm und Mannheim schon gegeben hatte.

Im Dezember brachen die Bankhäuser Haber und Kusel zusammen. Das verstärkte die wirtschaftliche Krise in Baden enorm: Haber war der Hauptkreditgeber für die drei größten Fabriken im Land mit fast 4000 Arbeitern – die Keßlersche Maschinenfabrik, die Ettlinger Spinnerei und die Zuckerfabrik in Waghäusel. Von der badischen Regierung bekamen die Fabriken kein Darlehen, aber der Landtag unterstützte sie. Die Kleinen gingen leer aus.

Arbeiter aus der Maschinenfabrik protestierten, »daß eine Regierung, welche es mit dem Wohl der arbeitenden Klassen ernst meint, nicht danach trachten darf, den großen Besitzern unter die Arme zu greifen.« Es müsse »die Übermacht der großen Kapitalisten gebrochen« werden. Der Brief ging auch an Friedrich Hecker, der mit Gustav Struve, Verleger des »Deutschen Zuschauer«, im Ständehaus saß. Die Arbeiter sahen ihn als »Verteidiger der arbeitenden Klassen«.

Der Arbeiterverein (1847 von den Arbeitern der Keßlerschen Maschinenfabrik gegründet), der den Brief angeregt hatte, wurde aufgelöst, ihr Versammlungslokal durchsucht, der Vorstand, die Brüder Blind und die Bierbrauer Möller und Jakob Georg Clever, verhaftet und erst einen Monat später wieder entlassen. Am 2. April 1848 versammelten sich Arbeiter vor dem Karlstor und forderten die Republik. Jetzt überstürzten sich die Ereignisse.

Auslöser für die Revolution in Baden waren die Französische Revolution im Februar, der Wiener Aufstand gegen Metternich und die Ereignisse in Berlin: Der preußische König ließ auf Demonstranten schießen, es kam zu Barrikadenkämpfen mit über 200 Toten. Ende März trat in Frankfurt ein Vorparlament zusammen, das die Nationalversammlung vorbereiten sollte. Hier wurde der Radikalliberale Friedrich Hecker begeistert gefeiert, aber eine Mehrheit kam für ihn nicht zustande, in die Nationalversammlung wurde er nicht gewählt. Desillusioniert sagte er: »Hier in Frankfurt ist nichts zu machen, es gilt, in Baden loszuschlagen.« Das berühmte Hecker-Lied zeigt, worauf man sich gefasst machen musste:

Blut – Blut muss fließen
Knüppelhageldick,
Damit wollen wir begießen
Die Freie Republik.
Schmiert die Guillotine
Mit der Pfaffen Fett,
Schmeißt die Konkubine
Aus des Fürsten Bett.
An dem Darm des Pfaffen
Hängt den Edelmann
Lasst ihn dran erschlaffen,
Bis er nicht mehr kann.

Am 12. April 1848 versuchte Hecker von Konstanz aus den bewaffneten Aufstand: »Sieg oder Tod für die deutsche Republik!« hieß es in einem Aufruf an das Volk. Aber nur wenig war organisiert und koordiniert. Mit 40 000 bis 80 000 Männern hatte er gerechnet – es kamen nur etwa 1000. An Emma Herwegh schrieb Hecker später, dass zwar alle begeistert waren, dass aber »dann die Pattschehände in den Schoß fielen«. Immerhin fehlte es ihm nicht an Selbstbewusstsein: Als die Nationalversammlung seinen Leuten Straffreiheit zusicherte, gewährte er im Gegenzug »im Namen aller Demokraten den 34 Bedrückern«, den deutschen Monarchen, Amnestie. In einer kurzen Schlacht bei Kandern, nahe Freiburg, schlugen ihn die Bundestruppen aus Hessen, Baden und Württemberg.

Hecker floh, wie viele andere, in die Schweiz, später in die USA. 1856 engagierte er sich gegen die Sklaverei, 1861 wurde er Oberst des »Hecker-Regiments«. Zurück ins alte Europa wollte er nicht mehr, als »Unterthan, während ich einer der zwei Millionen Souveräne in Illinois bin.« Auch Struve scheiterte und floh wenige Wochen später ins Ausland.

Die Nationalversammlung entschied sich für eine konstitutionelle Monarchie, erarbeitete eine Verfassung und wählte den preußischen König Friedrich Wilhelm IV. zum Erbkaiser. Der lehnte am 3. April 1849 ab: Die Demokraten waren damit schon gescheitert.

Am 11. Mai begann in Rastatt eine Militärrevolte, der sich die Garnisonen in Karlsruhe und anderen Orten anschlossen. Am 12. Mai tagte in Offenburg der Landeskongress der Volksvereine, die sich ab Dezember 1848 organisiert hatten, um eine Art Gegenregierung zu bilden. Nur wenige Karlsruher waren dabei, der Dichter Joseph Victor von Scheffel schrieb: »Und wirklich – das Stillleben der letzten Zeit in Karlsruhe, wo das Ministerium auf so fürtrefflichem Fuße mit der zweiten Kammer stand, wo von den Vorfällen in Rastatt noch nichts ins Publicum gedrungen war und man über die Stimmung im übrigen Land höchstens einmal mitleidig die Achseln zuckte, und hier das Summen und Brummen des revolutionären Bienenschwarms – es gab keinen schneidenderen Gegensatz.«

Am 13. Mai gab es Schießereien in Karlsruhe. Scheffel schrieb: »Wir waren ganz gemütlich beisammen, hatten eine Patrouille in die nächste Kneipe geschickt, um ein bedeutendes Quantum Bier zu holen, da ertönten Signalschüsse, Feuerlärm, Generalmarsch, und wie wir unters Gewehr traten, war schon der ganze Himmel glührot vom Feuerglanz.« Es war aber nichts: »Wir waren auf alles gefasst; es kam aber nichts, als gegen Mitternacht ein blinder Lärm, Schuss auf Schuss, Hallohrufen usw., der die ganze Stadt in Allarm setzte, aber auf einem Schildwachenirrtum beruhte.«

Der Großherzog floh. Am selben Tag rückten, wie Innenminister Bekk schreibt, »die zwei Kompagnien von Bruchsal, welche die hiesige Garnison verstärken sollten, in betrunkenen Zustande und unter dem Rufe ›Hecker hoch!‹ in Karls-

Einzug der pfälzischen Freischaren
in Karlsruhe am 19. Juni 1849

ruhe« ein. Eine »Exekutiv-Commission« übernahm die Regierung, Präsident war Lorenz Brentano: Baden war Republik. Im Tagblatt beruhigte die Kommission die Bürger: Es sei ihr »stetes Bestreben, die Ordnung aufrecht zu erhalten, und die Sicherheit der Personen und des Eigenthums zu schützen. Wir dürfen daher, Mitbürger! Von Euch erwarten, daß Ihr uns und unsern bewaffneten Schaaren mit dem gehörigen Vertrauen entgegenkommt.«

Am 9. Juni erklärte Großherzog Leopold seinem Volk den Krieg. Unterstützt von 100 000 preußischen Soldaten kämpfte er die 45 000 Soldaten der Demokraten nieder. Der preußische Kronprinz Wilhelm verdiente sich dabei den Namen »Kartätschenprinz«.

Am 23. Juli kapitulierten die letzten badischen Republikaner in der Rastatter Festung, weil ihnen eine ehrenvolle Behandlung versprochen wurde. Bitter stellte Wilhelm Dietz fest: »Mit einer stärkeren Dosis von Dummheit, einer bodenloseren Borniertheit ist wohl nie die Besatzung einer Festung, die Munition und Proviant noch hinreichend besaß, um durch einen ernsten und Achtung einflößenden Widerstand sich wenigstens eine günstige und bestimmt ausgedrückte Capitulation erringen zu können, in die Krallen des Siegers geeilt.« In ihrer eigenen Festung wurden sie eingekerkert und nach preußischem Standrecht abgeurteilt: lange Haft und Hinrichtungen.

Jubelnd begrüßten die Karlsruher den Großherzog bei seiner Rückkehr: »Die Häuser wurden mit Teppichen behangen, Guirlanden verbanden, quer über die Straßen gezogen, die Häuserreihen. An vielen Orten sah man die Porträts der Mitglieder der Großherzoglichen Familie ausgehängt.« Schon im Februar hatte er erklärt, »fest auf die Treue seiner Karlsruher zu bauen und unter ihrem Schutze ruhig sein Haupt niederzulegen« und hatte ihnen die Bildung einer Bürgerwehr gestattet, die für Ruhe und Ordnung sorgte: Als Abgeordnete und Sympathisanten einmal aus dem Ständehaus zum Schloss wollten, um eine Petition zu überreichen, drängten Soldaten und Bürgerwehr sie ab. Die Mannheimer Abendzeitung schrieb darüber: »Keine Gemeinde des Landes ist wohl so erbärmlich, als die der Residenz selbst, deren Bürger mit wenig Unterschied laut ausgesprochenermaßen, an nichts Höheres, als an den Vortheil denken, den ihnen der Hof, der Adel, das Staatslakaien- und Soldatenheer bringt.« Viele waren wohl der Meinung von Gymnasialprofessor Robert Goldschmit: »Die freiheitliche Bewegung aber artete teilweise schon 1848, noch mehr jedoch 1849 durch unsinniges Treiben und gewissenlose Verhetzung und Verführung in ein wüstes Gebaren aus, das schließlich die Grundlage aller staatlichen Ordnung bedrohte.«

Politische Vereine

Grundsätzlich galt: »Die Deutschen haben das Recht, Vereine zu bilden.« Also auch die Demokraten. Der »Virus des Associationsgeistes«, den der badische Außenminister von Dusch schon 1847 festgestellt hatte, ging um. Innerhalb weniger Monate entstanden 500 Volksvereine in Baden. Die Vorsitzenden der erlaubten Volksvereine hießen bei den Behörden meist schlicht »Rädelsführer«.

Die Karlsruher Demokraten trafen sich beim »Affenmüller« in der Zähringerstraße. Sie wollten, »daß dem deutschen Volke seine Rechte endlich zu Theil werden. Dahin rechnen wir: Sicherheit des Eigenthums und der Person, Wohlstand, Bildung und Freiheit für Alle ohne Unterschied der Person, des Standes und des Glaubens.« Sie stellten Kandidaten für die Nationalversammlung in Frankfurt, u. a. Lorenz Brentano und Josef Ignaz Peter, die beide später der »Exekutiv-Commission« angehörten. Ihr Ziel war hoch gesteckt: »Deutschland wird die

Republik haben; ob auf friedlichem Wege, ob über Blut und Leichen, das liegt in der Hand der Nationalversammlung.« Im Juli 1849 wurden die meisten Vereine wieder verboten.

Nach der Revolution

Die Preußen benahmen sich wie eine Besatzungsarmee. Demokraten wurden wie Terroristen behandelt, ihr Vermögen wurde eingezogen, vielen drohte die Todesstrafe. Verboten waren das Heckerlied, das Ausschenken von Freibier in den Wirtschaften (da man dadurch die Soldaten verführen könne) und das Tragen von roten Federn oder Kokarden. Natürlich auch alle politischen Vereine, ebenso der »Druck von Flugschriften, Tagesblättern sowie jeder öffentliche Anschlag ohne meine spezielle Genehmigung«, verkündete der preußische Stadtkommandant Oberst von Brandenstein.

Das preußische Kriegsrecht endete erst 1852. Ludwig Pfau schrieb im »badischen Wiegenlied« sarkastisch: »Und wer nicht schläft in guter Ruh, dem drückt der Preuß die Augen zu.« Viele Demokraten flohen in die Schweiz oder nach Amerika. Erst als Prinz Friedrich 1852 Regent wurde und 1856 Großherzog, verbesserte sich das Klima zwischen Regierung und Volk wieder. 1862 verkündete er eine Amnestie für die Demokraten.

Noch lange war man in Baden böse über die Preußen. Als ein italienischer Gipsfigurenhändler 1871 in Durlach eine Büste von Kaiser Wilhelm I. verkaufen wollte, nahm ein Bürger den Kopf und warf ihn aus dem Fenster mit den Worten: »Der Stinker hat hier nichts verloren.« Er bekam eine Woche Arrest wegen Majestätsbeleidigung.

Aufschwung und Jahrhundertwende

Nicht nur die Repression durch die Preußen hörte auf, auch die Wirtschaft erholte sich ab Mitte der 1850er Jahre wieder. Die Handelskammer schrieb 1873: »Die glorreichen Erfolge des Deutsch-Französischen Krieges haben für unseren Handel und unsere Industrie epochemachende Bedeutung. Das Gefühl der Unsicherheit verschwand, und Intelligenz und Kapital arbeiten vereint zur Erreichung eines höheren Standpunktes, durch die jetzige höhere politische Stellung Deutschlands unterstützt.« Der Aufschwung dauerte bis zum »Gründerkrach« 1875. 1895 zog die Konjunktur wieder an, vor allem wegen der vehementen Aufrüstung.

1860 wurde in Baden ein Handelsministerium geschaffen: Es vereinigte Post- und Verkehrswesen, Gewerbe, Handel und Landwirtschaft. 1862 hob die Gewerbefreiheit die Zunftverfassungen auf. Minister Lamey sagte: »Jeder darf von seinen Kräften freien Gebrauch machen, um sich fortzubringen, mit der Erwerbsfreiheit gewinnt der Mensch seine natürliche Freiheit wieder.« Die Konkurrenz wurde größer. Viele Handwerker litten darunter, kleine Betriebe mussten schließen: 1904 gingen vier der fünf Betriebe, die Feilen herstellten, bankrott, als in Ettlingen die Feilenfabrik »Kühn« gegründet wurde. Berufe verschwan-

> Alles änderte sich, und als eine späte Bestätigung dieser Änderung wurde 1878 amtlich festgelegt, dass der Ort »Karlsruhe« und nicht mehr »Carlsruhe« hieß, das war moderner.

den für immer: Drahtflechter, Leimsieder, Nagelschmied, Seiler und Kübler. Auch die Freizügigkeit wurde Gesetz, ab jetzt gab es keine Aufnahmeanträge mehr, jeder konnte dorthin ziehen, wo er wohnen wollte (und konnte).

Friedrich I.

Friedrich I. (1826-1907) studierte in Heidelberg und Bonn und interessierte sich für die Theorien des Liberalismus und des Nationalstaats. 1852 wurde er Regent für seinen älteren Bruder Ludwig, 1856 Großherzog. In diesem Jahr heiratete er Luise von Preußen (1838-1923), eine Tochter des späteren deutschen Kaisers. 1860 entließ er die konservativen Minister, 1862 beschloss er die rechtliche Gleichstellung der Juden. Moritz Ellstätter aus Karlsruhe war von 1868 bis 1893 badischer Finanzminister und blieb bis 1918 der einzige jüdische Minister in Deutschland. Im Frühjahr 1860 verkündete Friedrich die »Neue Ära«: Es entstand eine quasi-parlamentarische Demokratie. Friedrich galt als wohlwollender und volkstümlicher Patriarch. Seine Frau Luise wurde von manchen liebevoll »das Luisle« oder später »die alt' Luis« genannt. 1859 gründete sie den »Badischen Frauenverein«.

Krieg und Militär

Das Militär war jetzt ständig präsent. Die Karlsruher feierten den »glorreichen Feldzug« 1870/71 und vor allem den »Sedanstag« und schlossen sich in »Vaterländischen Vereinen« zusammen. Neuerdings war es für Soldaten Pflicht, die Uniform als »vorschriftsmäßigen Aufzug« zu tragen, unter »Lochandrohung«, wie Heinrich Vierordt schrieb. Vorher war das sogar verboten gewesen und Zivilkleidung Pflicht.

Moritz Ellstätter

Moritz Ellstätter (1827–1905) war Sohn eines jüdischen Möbelhändlers, studierte Jura und arbeitete im Finanzministerium in Berlin. 1856 wurde er in Durlach Rechtsanwalt, später war er in Karlsruhe tätig. 1868 machte ihn der Großherzog zum Präsidenten des Finanzministeriums. »Diese Ernennung«, schrieb Ellstätters Sohn, »versetzte die gesamte Beamtenwelt in das größte Erstaunen, ja man kann sagen, in eine gewisse Bestürzung, teilweise Entrüstung. Er war der jüngste aller Ministerialräte, dazu Jude! Die Hofchargen standen Kopf, die älteren Ministerialräte und Direktoren desgleichen.« Es war eine Zeit äußerster Finanznot, nach Revolution und Kriegen war Baden hoch verschuldet, die Steuern mussten neu organisiert werden. Als Ellstätter 1893 den Dienst quittierte, hinterließ er einen geordneten Haushalt.

Kriegerdenkmäler verherrlichten den Krieg wie das Kaiser-Wilhelm-Denkmal auf dem Kaiserplatz. Ein Stadtrat meinte: »Wenn wir gedenken, wie im Jahr 1870 die Stadt vom nahen Feinde bedroht war, wie dieselbe vor den Greueln und Verheerungen des Krieges durch Kaiser Wilhelms Siege bewahrt wurde«, so sei das Denkmal ein schönes Zeichen von Dankbarkeit. Außerdem war Friedrich Schwiegersohn des Kaisers. Und zu dessen Ehren hieß ab 1879 die Lange Straße fortan Kaiserstraße.

Karlsruhe wächst

Nach dem Krieg gegen Frankreich wurde das Deutsche Reich gegründet, Elsass und Lothringen annektiert. Baden war damit kein Grenzland mehr, viele Waren gingen ins Elsass. Mit der Einführung einer einheitlichen Währung für ganz Deutschland wurden die Geschäfte einfacher. Die Stadt wuchs und überschritt 1901 die Marke von 100 000 Einwohnern.

Ende des 19. Jahrhunderts sagte Oberbürgermeister Karl Schnetzler stolz: »Karlsruhe ist eine junge und neue Stadt, eine künstliche Schöpfung nicht sehr ferner Zeit, und die Ebene der Hardt, die es umgibt, bietet zwar manches freundliche und anmutige Bild, aber nichts, das geeignet wäre, das Gemüt des Wanderers in Erstaunen zu versetzen. Was hier steht und ragt, auch was hier rinnt und fließt, das ist alles das Produkt moderner menschlicher Werktätigkeit. Der Wasserlauf, der unsere Stadt durchzieht - in gebührender Bescheidenheit unterirdisch -, der Hügel, der sie überragt, die Seen, die man von diesem Hügel erblickt, der Schifffahrtsweg, der uns mit dem Rhein verbinden soll, das alles ist künstlich gemacht, nichts davon Natur.«

Industrie

Keßler blieb mit über 1000 Angestellten und Arbeitern der größte Betrieb. Daneben gab es die Eisenbahnwerkstätten und die Wagenfabrik Schmieder & Mayer. 1860 gründeten Georg Haid und Carl Neu die erste deutsche Nähmaschinenfabrik. Zuerst ein kleiner Betrieb, bauten sie 1872 bereits 9000 Nähmaschinen. Noch 1928 warben sie in einer Anzeige: »3 Millionen gelieferte Haid & Neu Nähmaschinen bestätigen die allgemeine Beliebtheit unserer schön ausgestatteten Präzisions-Nähmaschinen für Familie und Gewerbe«. Erstaunlich ist der Erfolg der Lumpenfabrik Vogel & Schnurmann. Hier arbeiteten vor allem Frauen, die Lumpen zerrissen und zu Wollfasern verarbeiteten. 1878 zog die Fabrik aus Muggensturm

Die Keßlersche Maschinenfabrik um 1850

nach Karlsruhe und wurde bis 1914 so groß, dass sie vom Mühlburger Tor an den Westbahnhof im Bannwaldgebiet umziehen musste; über 500 Frauen waren hier beschäftigt.

Der Schriftsteller Albert Geiger kritisierte das Residenzleben: »Im großen Ganzen konnte man, ohne die Vorzüge im einzelnen zu verkennen, trotz des großen ruhmredig zu Tage tretenden Selbstbewusstseins bei einigem Abstand folgende Gesamtphysiognomie herauslesen: Eine Beamtenschaft in der üblichen Art. Eine über sich selbst und ihre Zwecke mehr im Unklaren befindliche Bürgerschaft. Eine der Erneuerung dringend bedürftige Gelehrten- und Künstlerschaft. Eine ab- und zuströmende Militärbevölkerung. Ein mehr oder minder neugebackener Adel. Und als unruhige Welle, um das Alles umherbrandend, eine Arbeiterbevölkerung, die zur Seßhaftigkeit weniger neigte als in vielen anderen Städten. Überall aber fehlte der feste Untergrund. Die Residenz war und blieb: eine Halbheit, schwankend zwischen Beamtenstadt und Gewerbestadt.«

Brauereien

Um 1870 waren 22 Brauereien in der Stadt, 1913 noch elf. Es gab zwei Fels-Brauereien (Heinrich und Wilhelm) und Kammerer, alle an der Kriegsstraße, Moninger gegenüber. Am Ende der Karlstraße lagen der Schubergsche, der Schremppsche und der Bischoffsche Bierkeller, Wolf in der Werderstraße und Printz in der Kaiserallee, hinter dem Gaswerk. 1895 besichtigte der Großherzog die Anlage und es »geruhte Seine Königl. Hoheit ein in dem Braustübchen angebotenen Glas Bier anzunehmen«, wie Printz stolz schrieb.

Dann bekam die Stadt neben dem Schloss noch eine Burg, Brauerei Hoepfner in der Oststadt: »Den Plan, nach dem gebaut werde sollte, fasste ich in Gedanken bei einem Spaziergang nach Hagsfeld«, schrieb Friedrich Hoepfner. Fünf Einzelbauten umrahmen einen Innenhof: die Mälzerei mit einem Zinnenkranz, Türmchen und Balustrade, das Darrengebäude zum Trocknen von Malz, ein Restaurationsgarten und die Portalanlage mit Turm, Türmchen und Seitenportalen. Hier sieht man Widder- und Bärenköpfe, Wappenschilder, ein Relief mit Brauereigerät, Spitz- und Blendbögen, Gesimse und alles, was

Die Brauerei Wolf

Nur wenige kleine Brauereien konnten sich lange halten. 1885 kauften Max und seine Frau Luise Wolf eine Brauerei in der Werderstraße 51. Damals war die Südstadt eine große Baustelle, viele Arbeiter holten sich bei Wolf ihr Pausen- und Arbeitsbier. 1897 kaufte Wolf das »Café Werder« nebenan dazu. Bis heute ist die Brauerei ein Familienbetrieb geblieben, zur Zeit ist Michael Wolf der Chef.

die gotische Architektur so liebte. Dahinter überragt der hohe Rundturm, das Wahrzeichen der Brauerei, die ganze Anlage.

Schwierig war die Kühlung des Biers. Die Lagerkeller liefen wegen des hohen Grundwassers schnell voll Wasser, Felsenkeller (z. B. in Durlach) waren gefährlich: »Die Felsenkeller waren sehr tief und hatten hohe Staffeltritte. Die Fässer wurden in den feuchten Kellern recht schlüpfrig, diese Schlüpfrigkeit ging auf die Seile über, mit denen die Arbeit gethan werden musste; so hatte der Mann, der das Fass unten zu lenken hatte, immer die Gefahr vor Augen von einem ausgleitenden Fasse getroffen zu werden.« Eiskeller waren die Lösung. Fast alle Brauereien übernahmen diese Neuerung und legten über den Kellern ein großes Wasserreservoir an, das »Eisschiff«, um das Eis aus den Alpen, aus Trier oder aus Frankreich kühl zu halten. Erst ab 1884 kauften die Brauereien Eismaschinen.

Alltagsleben

Mit der Stadt wuchs auch die Zahl der Arbeiter. Elf Stunden für die Frauen, zwölf für die Männer – das war der Arbeitstag in den 1890er Jahren. Arbeit für Kinder (unter 12 Jahren) war ab 1870 verboten, Kinder bis 16 durften sechs Stunden am Tag arbeiten. Das Bezirksamt schreibt 1869: »Während die Kinderarbeit in den großen luftigen Räumen der großen Fabriken unter ständiger Aufsicht mehr eine Beschäftigung als eine eigentliche Arbeit ist, sehen wir ringsum Lehrlinge von 14 Jahren zu harten Arbeiten angehalten, Mädchen, kaum der Schule entlassen, im Dienst ihrer Herrschaft Wasser und Holz schleppen, kleinere Kinder Blumensträuße, Kienholz u. dgl. Hausieren, im Winter Holz, im Sommer Beeren im Wald suchen. Sodann ist es öfters nicht sowohl die Fabrikarbeit selbst, welche die Kinder ermüdet, als vielmehr der Weg bis zur Fabrik und von da nach Hause.« Sonntagsarbeit wurde erst 1891 gesetzlich verboten. Nur der Einzelhandel musste den Tag des Herrn nicht heiligen.

Schutzmaßnahmen gab es kaum, giftige Gase und Dämpfe wurden ungefiltert eingeatmet. Die meisten Brauereiarbeiter hatten Rheuma und starben an Schwindsucht: Auf der Darre herrschten bis zu 60 Grad, im Kühlkeller lag die Temperatur am Gefrierpunkt. Geregelte Arbeitszeiten gab es oft nicht: Wegen der »notorischen Eigentümlichkeit des Gewerbes« musste »der Brauereigehilfe zu jeder Zeit, sei es bei Tag oder Nacht, Sonn-, Fest- und Werktagen im Geschäfte tätig und willig mitwirken.« In Moningers Hausordnung stand: »Der Arbeiter hat als redlicher Mann stets und überall auf den Nutzen des Dienstherrn zu achten.«

Manche Unternehmer bewiesen ein wenig soziale Verantwortung und stifteten Betriebsrentenkassen oder gaben Weihnachtsgeld. Hoepfner war beleidigt, als die Arbeiter seine Mannschaftsküche ablehnten. Statt Almosen und »Zwangsküchen« forderten die Arbeiter kürzere Arbeitszeiten und höhere Löhne. Als sie 1893 streikten, beschimpfte Moninger sie als »Schufte, Scherenschleifer und Lausbuben.«

Die Arbeiterwohnungen waren meistens eng und feucht. Der evangelische Arbeiterverein stellte fest: »Zwei Betten sind die Regel. Wenn nur bis zwei Kinder vorhanden sind, gibt es für diese eine kleine Bettstelle oder einen Kinderwagen. Bei mehr Kindern schlafen 2, auch 3 in je einem Bett oder Wagen.« Oft schliefen Gesunde und Kranke in einem Bett: Die Kindersterblichkeit war hoch, Typhus und Unterernährung normal. Schüler erhielten von der Stadt verbilligte Milch, manche wurden in den Ferien zur Erholung ins Murgtal geschickt. Arbeiter, Angestellte und Beamte nahmen regelmäßig in öffentlichen Bädern ihr Wannenbad, im Vierordtbad (nach dem Stifter, Bankier Heinrich Vierordt, benannt) oder in der Südendschule.

Albert Bürklin

Albert Bürklin (1816–1890) studierte in Karlsruhe, arbeitete in England und lernte dort das Eisenbahnwesen und die moderne Technik kennen. Zurück in der Residenz, baute er die Bahn von Mannheim nach Mosbach und wurde Landtagsabgeordneter der Liberalen. Er war Redakteur des »Lahrer Hinkenden Boten«, gründete ein Waisenhaus, schrieb Erzählungen und Theaterstücke und 1859 das Buch »Der Kanzleirath«. Sein Sohn Albert wurde Generalintendant am Theater.

Arbeiter und Angestellte schlossen sich 1865 im »Lebensbedürfnisverein« (später Konsumverein) zusammen, der seit 1905 in der Roonstraße ein Haus hatte. Mehr als 2000 Familien versorgten sich in den Konsumläden mit billigen Lebensmitteln.

Für seine achtköpfige Kanzleiraths-Familie rechnete Bürklin für das Essen mit jährlich 1841 Mark. Dabei lebte sie nicht üppig: »Es giebt stets nur einerlei Fleisch und meist wird Ochsenfleisch genommen, der Fleischbrühe wegen. Weniger als 2 Pfund für 9 Personen ist nicht möglich. Zur Abwechslung kommt auch einmal ein Kalbsbraten, er ist aber nicht wohlfeiler, denn Kalbfleisch ist Kalbfleisch, so sagt ein altes Sprichwort, und was die Kalbsknochen betrifft, so haben die Metzger gar kein Gewissen.« Richtigen Kaffee konnte er sich nicht leisten, seine Frau setzte ihm Ersatzkaffee vor, ohne dass er dies wusste: »Er lebt in der Überzeugung, er trinke den reinsten Mokka, und glaubt überhaupt nicht, daß es einen bessern Kaffee geben kann, als seine Frau ihn zubereitet.« Natürlich musste der Kanzleirat billig wohnen, in der Südstadt, natürlich musste er bei der Kleidung sparen. Sind Mantel oder Hose des Vaters abgetragen, näht die Mutter daraus Jacken und Hosen für die Söhne: »Das ist der Fluch der jüngern Söhne; in England müssen sie Geistlich studieren und bei uns die alten Hosen ihrer glücklichen ältern Brüder austragen.«

Frauenvereine

Frauenvereine versuchten den Armen zu helfen, vor allem konfessionelle wie die evangelische Diakonissenanstalt, die »Dienerinnen des Herrn im Werke christlicher Liebe« ausbilden wollte: »Die Thätigkeit der Diakonissen umfaßt die Pflege von Kranken und Armen in Gemeinden, öffentlichen Anstalten und Privathäusern, sodann den Dienst an Mägdeherbergen, Pfründneranstalten, Kleinkinderpflegen und ähnlichen Werken der Barmherzigkeit.« 1851 eröffneten sie eine Krankenpflegestation, 1857 ein Krankenhaus in der Sophienstraße mit über 100 Betten. 1851 gründeten katholische Frauen den Vincentiusverein, der 1900 das Krankenhaus in der Südendstraße baute.

Der Badische Frauenverein unter der Schirmherrschaft von Großherzogin Luise war landesweit tätig, hatte 1908 über 70 000 Mitglieder und unterhielt Kinderkrippen, Krankenhäuser, Schulen und Säuglingsfürsorgestellen, eine Bibliothek und Koch- und Nähschulen. Der Verein baute das Rote Kreuz in Baden auf, bildete Krankenschwestern aus und ließ das Ludwig-Wilhelm-Krankenhaus bauen. Er verschaffte Frauen eine Ausbildung als Kontoristinnen, Kindergärtnerinnen und Hauswirtschafterinnen.

Das Friedrichsstift, 1883 von Großherzogin Luise gegründet, bemühte sich um die »Unterbringung alleinstehender Frauen und Jungfrauen insbesondere der höheren und mittleren Stände, welche infolge besonderer Verhältnisse oder misslicher Schicksale ein eigenes Heim entbehren müssen.« In einer Haushaltsschule konnten die 15- bis 19-Jährigen alles lernen, was für eine eigene Existenz als Haushaltshilfe oder Köchin wichtig war. Das Friedrichsstift war von Anfang an konfessionsfrei.

Stadterweiterung

Die Grenzen der Stadt waren das Schloss, die Stephanienstraße, die heutige Reinhold-Frank-Straße, die Kriegsstraße bis zum Rüppurrer Tor und der Landgraben bis zum Durlacher Tor. Außerhalb der Stadt durfte nicht gebaut werden, nur »Fabriken oder andere Gewerbsanlagen« oder Landhäuser (was viele als Ausrede benutzten).

Manche großen Gärten, für unsere heutigen Begriffe eine schöne grüne Lunge, behinderten die Entwicklung der Stadt sehr: die Gärten von Markgräfin Amalie, Markgraf Ludwig, Gräfin Hochberg und Graf Langenstein. Der Bedarf an Wohnraum war groß, es wurden immer wieder Sondergenehmigungen beantragt, da es keine eindeutigen Bestimmungen gab.

Nach der Revolution 1848/49 wuchs Karlsruhe schnell, es wurden viele städtische und private Prachtbauten errichtet, viele Gärten aufgelöst. Als Josef Berckmüller das Sammlungsgebäude am Friedrichsplatz auf dem Gelände des Erbprinzengarten plante, schrieb die Handelskammer: »So sehr auch der Freund der Natur mit Recht bedauern mag, daß diese schönen Gärten mit ihren herrlichen Baumgruppierungen aus der Mitte der Stadt theilweise wenigstens verschwinden, so können wir vom geschäftlichen Standpunkt aus diese Änderung nur als zweckmäßig bezeichnen.«

Um die Jahrhundertwende baute Friedrich Ratzel das Haus des Kunstvereins und das Generallandesarchiv. Ab 1891 wurde die Christuskirche, ab 1901 die St.-Bernhards-Kirche errichtet, es entstanden neue Schulhäuser, 1887 der Schlachthof an der

Josef Durm

Josef Durm (1837–1919) studierte am Polytechnikum, war Lehrer an der Technischen Hochschule und wurde 1894 Oberbaudirektor. 1873 baute er das Vierordtbad, 1877 die Festhalle, 1881 das Palais Schmieder (heute Prinz-Max-Palais), 1891–97 das Erbgroßherzogliche Palais für Erbprinz Friedrich, 1893 die Kunstgewerbeschule und 1898 die düster-rote Gruftkirche im damals hoch ummauerten, der Öffentlichkeit nicht zugänglichen Fasanengarten.

Durlacher Allee und 1890 das Ludwig-Wilhelm-Krankenhaus an der Kaiserallee. Die Hauptpost war innen sehr modern, mit Dienstwohnungen, Elektrizitätswerk, Telegraphen- und Fernsprechsälen und einer Schalterhalle, zehn Meter breit, 16 Meter lang, zehn Meter hoch mit 20 Schaltern und zehn Schreibplätzen und mit einem mythologischen Gemälde ausgemalt: »Deutschlands Verkehr vom Fels zum Meer«. Außen aber wurde die Post nach den Wünschen der Berliner Postverwaltung ins Pompös-Prunkhafte modelliert.

Die bekanntesten Architekten jener Zeit sind Hermann Billing, Adolf Hanser und Curjel & Moser. Billing (1867-1946) baute die Häuser in der Baischstraße, den Brunnen auf dem Stephanplatz und die Hofapotheke in der Kaiserstraße. Der berühmte Bruno Taut schrieb an seinen Bruder: »Ich sag Dir mein Lieber, das ist etwas Kolossales.« Hanser (1858-1900) schuf u. a. das Rathaus West und das Ateliergebäude der Kunstakademie. Robert Curjel (1859-1925) und Karl Cölestin Moser (1860-1936) betrieben ein gemeinsames Büro und bauten sich in der Riefstahlstraße ein gemeinsames Doppelhaus. Von ihnen sind die

Christus- und die Lutherkirche, das Bankhaus Veit L. Homburger in der Karlstraße und das Konzerthaus.

Jugendstil

Einige Architekten haben Häuser im Jugendstil gebaut, die wir heute noch bewundern können. Die meisten Details sieht man allerdings nur, wenn man den Blick nach oben wendet. Wie die beiden Sphingen in der Sophienstraße 136 von Christian Rothfuß. Die Sphinx war um die Jahrhundertwende ein Symbol für das geheimnisvolle Reich dunkler, lauernder Dämonen und für die Unsicherheit der normalen Existenz. Wegen ihrer Vieldeutigkeit war sie beliebt, von der Seite sah sie aus wie ein Raubtier mit Krallen, von vorne wie ein Mädchen mit langen Locken. Auch der Knabenbrunnen vor der Kleinen Kirche und der Krautkopfbrunnen am Gutenbergplatz sind Jugendstilarbeiten.

Figuren und Muster

Sehr fantasievoll sind manche Muster des Jugendstils: Blumen in der Ludwig-Wilhelm-Straße 20, Bildergeschichten in der Melanchthonstraße 4, Mädchen mit Flügelleibern in der Kornblumenstraße 9, Frosch und Prinzessin am Moninger-Haus Karlstraße, Ecke Kaiserstraße. Blattmuster ranken am Haus des Weinhändlers Adolf Steiner in der Sophienstraße 87, Vögel, Ornamente und Götterfiguren an der Douglasstraße 24, ein Segelschiff an der Karlstraße 9–11, Krokodile (auf der Schulter des »Krokodil«-Besitzersohns Möloth am Ludwigsplatz), Hunde und Katzen, Vögel und Löwen, Affen und Flusspferde.

Einen Skandal gab es 1905, als Hermann Billing auf dem Stephanplatz eine nackte Nymphe aufstellte, die aus zwei Krügen Wasser in den Brunnen gießt. Um sie herum bildete er 14 stadtbekannte Köpfe ab, denen das Wasser im Mund zusammenläuft (diese zeigten u. a. ihn selbst und den damaligen Oberbürgermeister). Aufgebrachte Bürger forderten, stattdessen eine Trachtenfigur aufzustellen. 3468 badische Frauen unterzeichneten einen öffentlichen Brief, in dem sie gegen den »das weibliche Anstandsgefühl verletzenden Brunnen am Stefanplatz« protestierten und die »cynische Zusammenstellung der Männerporträte mit der unbekleideten Frauengestalt« kritisierten. Aber es blieb bei dem Brunnen, der noch heute hinter der Hauptpost steht.

Neue Viertel

Ab 1860 begann man, die Augärten zu bebauen: die Südstadt. 20 Jahre später wohnten hier bereits 15 000 Menschen, vor allem Eisenbahnarbeiter. Die Straßen waren schlecht und eng, und es gab lange keine Kanalisation. Auf dem länglichen Werderplatz fand dreimal in der Woche ein Markt statt; dort lagen viele Geschäfte und die Wolf-Brauerei. Ab 1880 zogen Mittelschicht und Arbeiter in die Oststadt. Industriebetriebe siedelten sich dort an, Haid & Neu und Hoepfner.

Im Westen wuchsen, vor allem nach der Eingemeindung Mühlburgs 1885, zwei neue Viertel. Südlich der Kaiserallee, im Viertel hinter der Gasfabrik und der Brauerei Printz, ließen sich viele Handwerker nieder. Nördlich der Kaiserallee bauten sich wohlhabende Bürger große Wohnungen und Villen. Haydnplatz und »Musiker-Viertel« sind schöne Beispiele für Anwesen, die sich reichere Leute leisten konnten: arrivierte Künstler, Rechtsanwälte, Fabrikanten, Richter und Architekten.

Südweststadt

Für den Südwesten mahnte die Handelskammer 1865, es sei ein »Anfang für einen weiteren Stadttheil gemacht, was wir eben nicht sehr zweckmäßig finden können. In sanitätischer Beziehung ist diese allzu große Ausdehnung gewiß nicht geboten.« Trotzdem wurde schnell gebaut: 1871 wurde die Beiertheimer Allee angelegt, 1876 die Hirschstraße, 1878 die Gartenstraße. Die Bevölkerung in der Südweststadt war gemischt, »Gewerbetreibende, Fabrikarbeiter, Gelehrte und Künstler in buntem Durcheinander«, wie der Schriftsteller Albert Geiger schrieb, der auch hier wohnte. Er fand keinen Gefallen an den neuen Häusern, sie »zeigten zumeist im Gegensatz zu der gemütlichen oder langweilig vornehmen Bauart der Altstadt die grausamen Architekturkünste der sogenannten Renaissance der siebziger und achtziger Jahre«.

1891 wurde die Hirschbrücke gebaut, damit man die Bahn nach Maxau, die durch die Mathystraße fuhr, überqueren konnte. Sie hatte bis zu diesem Zeitpunkt eine deutliche Grenze gebildet. Bis 1914 wurde der Stadtgarten vergrößert, der Albtalbahnhof bekam 1915 seinen heutigen Platz. Auf dem Festplatz stand eine 100 Meter lange Ausstellungshalle mit einem Rondell in der Mitte, in der die badische Industrie- und Gewerbeausstellung stattfand. Hier wurde bis 1912 auch Sommertheater aufgeführt, das Gebäude wurde deshalb auch »Stadtgartentheater« genannt: Ibsen, Sudermann, Halbe wurden gespielt, auch Operetten.

Da die Stadt wuchs, wurden bis 1873 alle Stadttore abgerissen und der Friedhof an der Kapellenstraße 1874 verlegt. Hier entstand ein kleiner Park unter Erhaltung dessen, »was der künftigen Anlage im Charakter eines alten Friedhofes zur Zierde gereichen kann. Von einer geschickten gärtnerischen Hand in unserem Sinne ausgeführt, würde die Anlage einen ganz eigenartigen Reiz gewinnen, schrieb die Friedhofskommission.«

Durm legte einen Parkfriedhof in der Haid-und-Neu-Straße an: »Die monotone Eintheilung des Friedhofs in Quadrate ist aufgehoben. Gewundene Wege, mit Bäumen bepflanzt, daraus folgende unregelmäßige Feldergruppen, mit Gebüsch umsäumt, heben das Öde auf, welches so vielen modernen Kirchhöfen eigen ist.« Die Karlsruher waren nicht begeistert von ihrem neuen Friedhof, er war zu weit entfernt. Nach der Trauerfeier in der Wohnung des Toten begleiteten sie den Leichenwagen meist nur bis zum Durlacher Tor: »Unter allerlei gleichgiltigen Reden kam man zum Thore«, schrieb Pfarrer Hansjakob, »und der Todte zog, nur vom Geistlichen und von den Verwandten begleitet, dem einsamen Friedhofe zu.«

Neue Siedlungen

Um sich billige Wohnungen zu verschaffen, schlossen sich Bauwillige zu Genossenschaften zusammen: Auch »Unbemittelten« sollte ein Einfamilienhaus im Grünen möglich sein. Der Mieter- und Bauverein von 1891 baute bis 1901 zwischen Scherr-, Ranke- und Sybelstraße 162 Wohnungen und holzte dafür die Obstbaumschule ab. Die Gartenstadtgesellschaft baute in Rüppurr ab 1911 Einfamilienhäuser, neben Hellerau in Dresden die erste deutsche Gartensiedlung.

Wasser und Strom

Die Stadt wurde lange mit Gas und Petroleum beleuchtet. 1895 gab es eine »elektrische Ausstellung mit besonderer Berücksichtigung des Kleingewerbes und der Haushaltung«, mit

»Concert von 8 Uhr bis 11 Uhr bei electrischer, wechselnder, farbenprächtiger Beleuchtung der springenden Wasser, Scheinwerfer etc.« 1899 beschloss der Stadtrat, eine »Elektrische Zentralanlage für Licht- und Kraftversorgung« zu bauen. 1901 ging das Drehstromwerk in der Honsellstraße in Betrieb, eine hochmoderne Anlage mit 98 Transformatoren. 1912 funkelten die Straßen in Karlsruhe erstmals elektrisch: Die Lampen machten »mit ihren hellen Lichtausstrahlungen einen imposanten Eindruck«, berichtete die Badische Presse.

Nach und nach wurde der Landgraben zugebaut und die Kanalisation erweitert. Bis dahin lief das meiste gebrauchte Wasser durch die Straßen. Der Maler Karl Hofer erinnerte sich an seine Kindheit: »Der Unrat lief von den Häusern durch offene Rinnen ins ›Gräbele‹. Neben unserem Haus befand sich die Metzgerei Erxleben. Vom Inhaber hatten wir schon verschiedentlich Prügel bezogen wegen mancherlei Unfugs. Mitunter schwammen Därme in dem Straßengraben, die fischten wir uns und füllten sie mit Sand, banden sie zu, so dass sie täuschend wie Leberwürste aussahen. Wurde einer von uns ausgesandt, um Wurst zu kaufen, so ward dieses Ersatzprodukt, soweit ungesehen möglich, auf den Teller mit den anderen Würsten praktiziert, was allerhand Ärger verursachte.« Heute bildet der unterirdische Wasserlauf das Rückgrat der Kanalisation, eine der größten in Europa. Man kann sie sogar besichtigen, am Entenfang gibt es einen Einstieg in die Tiefe.

Schulen

Bis 1870 gab es nur zwei Volksschulen: in der Erbprinzenstraße und in der Markgrafenstraße. Bis 1910 wurden fünfzehn weitere gebaut; sie bekamen Eigennamen, damit man sie besser auseinander halten konnte. 1876 wurden die konfessionellen

Spielende Kinder auf einem Plakat der Firma Döring um 1865

Schulen aufgelöst. Mädchen und Jungen wurden in getrennten Klassen unterrichtet. Es gab sogar eine reine Mädchenschule und für Mädchen aus reichem Haus die Viktoriaschule mit dazugehörigem Pensionat, beide persönliches Eigentum von Großherzogin Luise. 1893 eröffnete das erste deutsche Mädchengymnasium, vom Verein »Frauenbildungsreform« initiiert. Der Stadtrat hatte die Idee »mit Freude zur Kenntnis genommen und sei gern bereit, dessen Bestrebungen durch unentgeltliche Stellung der nötigen Räume zu fördern.« Später übernahm er sogar das Gymnasium.

Eine der ersten Frauen, die hier ihr Abitur ablegten, war Magdalena Meub. Sie wurde Apothekerin, damals ein Beruf für Männer. Von weiblichen Gesellen wurden häufig Sonderdienste verlangt: »Wir sollen in unserer ohnehin knapp bemessenen freien Zeit uns mit Haushaltungsarbeiten, Wäsche in Stand halten u. dgl. beschäftigen?« Sie studierte dennoch ab 1904 Pharmazie und schloss mit »sehr gut« ab. Danach heiratete sie den Apotheker Adolf Neff und führte fünfzig Jahre lang die Löwen-Apotheke in Ehingen an der Donau.

Das Deutsch-Abiturthema des ersten Frauen-Jahrgangs 1899 lautete: »Der Einfluss veredelnder Weiblichkeit auf ihre Umgebung, gezeigt an Goethes Iphigenie«. Die Abiturrede hielt Rahel Gotein. Später studierte sie Medizin in Heidelberg, obwohl ihr Verlobter noch gesagt hatte: »Eine Ärztin kann man doch nicht heiraten.« Sie eröffnete 1908 eine eigene Praxis in München und war die erste studierte Ärztin in Deutschland. Nach dem Tod ihres Mannes 1933 emigrierte sie nach Palästina.

Nach dem Abitur für Frauen folgte das Studium: 1901 - auch das in Deutschland einmalig - erhielten Frauen in Baden das Recht, sich in Universitäten einzuschreiben. Die erste Frau promovierte in Karlsruhe 1915.

Hochschulen in Karlsruhe

Was nicht nur der Journalist Amadeus Siebenpunkt bedauerte: Die Hochschule mit ihren technischen Fächern hat »die Karlsruher Atmosphäre niemals mitgeprägt, wie etwa Heidelberg und Freiburg durch ihre Hochschule geprägt wurden. Die technischen Fächer führen ihr sprödes Eigenleben.« Auf geisteswissenschaftlichem Gebiet ist neben dem Kunsthistoriker Adolf von Oechelhäuser nur Wilhelm Oeftering zu nennen mit seinem für die Regionalliteraturforschung wichtigen, dreibändigen Werk »Literatur in Baden von der Klösterzeit bis auf die Gegenwart«, das allerdings einen zunehmend nationalsozialistischen Ton anschlug.

Viele berühmte Wissenschaftler, Ingenieure und Architekten waren Lehrer oder Schüler in Karlsruhe: Richard Wagners Sohn Siegfried, der spätere Fabrikant Emil Keßler, Hermann Billing, Josef Durm, Carl Engler, der Bierbrauer Stefan Moninger und Fritz Haber, der für die Ammoniaksynthese den Nobelpreis bekam und 1915 den ersten Giftgasangriff in der

Geschichte überwachte (seine Frau Clara erschoss sich deswegen mit seinem Dienstrevolver). Der Karlsruher Dichter Emil Frommel schrieb:

Und unden schtehts Bulidechnikum
Das allberühmt ist um un um.
S'wird Mancher gscheid drin –
Mancher bleibt aa dumm! –

Ferdinand Redtenbacher schrieb das bahnbrechende Werk »Die Gesetze des Lokomotivbaus«, weil er »einmal sehen wollte, was dabei herauskommen würde.« Andere Professoren waren Franz Grashof, Begründer des theoretischen Maschinenbaus, der Chemiker Karl Weltzien, der Botaniker Moritz August Seubert und der Physiker Wilhelm Eisenlohr. In Karlsruhe studierten Persönlichkeiten wie der Forstwissenschaftler Adolf Seubert, dessen Tochter Martha als Lil Dagover eine berühmte Schauspielerin wurde, Karl Seubert, der erste Pharmazieprofessor in Tübingen, und Carl Benz.

Der Physiker Heinrich Hertz, der hier die elektromagnetischen Wellen entdeckte, experimentierte auch in seiner Freizeit. Seine Frau berichtete: »Ich beobachtete ganz kleine Fünkchen an einem Ende des Apparats, während Heinrich am anderen Drähte verschob. Die Sache gelang, doch sprangen wunderbarerweise auch manchmal Funken zwischen uns beiden über, was nicht zur Sache gehörte und ihr eher hinderlich war.«

1858 fand ein großer Ärztekongress in Karlsruhe statt, an dem auch Liebig, Bunsen, Virchow und Helmholtz teilnahmen. 1860 wurde der erste Chemikerkongress Deutschlands mit internationaler Beteiligung abgehalten. Da das Polytechnikum zu klein war, traf man sich im Ständehaus und zum Festmahl im »Museum«. Drei Tage lang wurden neue Theorien erörtert und die formale und theoretische Systematik der Chemie diskutiert: Die Internationalisierung der Chemie nahm damit ihren Anfang.

1878 wurde die »Baugewerke-Schule« gegründet, später Staatstechnikum, dann Fachhochschule. Sie hatte, wie ihr Vorläufer in Stuttgart, Abteilungen für Gewerbelehrer, Bauhandwerker, Landwirtschaftstechniker und Maschinenbauer. Bei der Eröffnung mahnte der Direktor des Oberschulrats die 53 ersten Schüler, »die angebotene Gelegenheit sich in angestrengtem Eifer und Fleiß zu Nuz zu machen zum Segen für die Entwicklung des heimischen Baugewerkes und für das ganze Land.« Bekannte Professoren waren Ludwig Levy, Adolf Hanser, Karl Oberle und Erich Schelling.

Theater

Nach dem Brand des Theaters 1847 dauerte es fünf Jahre, bis Heinrich Hübsch ein neues baute. Friedrich I. wollte »das Großherzogliche Hoftheater zu einer in jeder Beziehung würdigen Kunstanstalt erheben« und bestellte 1852 Eduard Devrient zum neuen Direktor.

Devrient musste in Karlsruhe ganz neu anfangen. In Briefen an seine Frau berichtete er: »Die Leute hier müssen sehr vorsichtig zum Besten geführt werden. Es sind derbe, kräftige und lebhafte Naturen, sie wollen starke Getränke schlürfen, verlangen packende und zutreffende Sensationen, man muss sie entweder erschüttern und rühren oder lachen machen; auf Gedankenthätigkeit im Theater darf man gar keine Rechnung stellen.« Das Orchester fand er sehr mittelmäßig: »Sie schaben und blasen drauflos, dass man die Sänger fast nur singen sieht, nicht hört, und während des Dialogs schnäuzen und husten und plaudern und stimmen sie, als ob sonst im Hause gar nichts vorginge.«

Eduard Devrient

Eduard Devrient (1801–1877), Neffe des berühmten Schauspielers und legendären Zechkumpanen E. T. A. Hoffmanns Ludwig Devrient, war am königlichen Opernhaus in Berlin gefeierter Bariton und schrieb auch Opernlibretti (sein »Hans Heiling« war ein großer Erfolg). Nach einer Erkältung, nach der ihm die Stimme wegblieb, wechselte er ins Schauspiel. Als Oberregisseur in Dresden war er Kollege des Kapellmeisters Richard Wagner. Karlsruhes Schauspiel brachte er in seiner achtzehnjährigen Amtszeit durch die umstrittene Idee des Ensemble-Spiels in ungeahnte Höhen, im Musiktheater spielte er Wagner, Mendelssohn und Brahms, und legte durch seine Bücher »Über Theaterschulen« und »Geschichte der Schauspielkunst« (in fünf Bänden) die Grundlage für die Theaterwissenschaft. Devrient sprach seinen Namen französisch aus, obwohl die Familie aus Holland stammte.

Offensichtlich musste er auch das Ensemble erziehen: »Geldstrafen, welche für einzelne Unregelmäßigkeiten einmal feststanden, wurden unnachsichtlich eingezogen, schwere sittliche Ausschreitungen nicht geduldet.« Sarkastisch sagte er einmal: »Der Posten hier wäre vielleicht so übel nicht, wenn nur kein Theater dabei wäre!«

Devrient setzte den damals völlig unbekannten Gluck durch, machte Mozart bekannter und holte berühmte Komponisten in die Residenz. Franz Liszt, Richard Wagner und Richard Strauss dirigierten, »Tristan und Isolde« hätte sogar beinahe hier seine Uraufführung erlebt. Wagner schrieb damals an den Großherzog von einem »fast seltsamen Misgeschick«, durch das »sich erste vollständige Aufführungen« immer wieder verzögerten:

»Einer Freundin theilte ich die Empfindungen, welche mich auf meiner damaligen Heimkehr von Karlsruhe bewältigten, als heftiges Verlangen nach dem Tode mit, da die zartesten und hoffnungsreichsten Beziehungen, die je sich mir erschlossen, durch ein Misverständniss meines Charakters, welches aufzuklären ich mich ausser Stand fühlte, mir hoffnungslos getrübt scheinen.« Wie auch immer: Durch die trotz dieses »Misgeschicks« intensive Wagner-Pflege wurde Karlsruhe als »Klein-Bayreuth« berühmt. Nicht alle mochten die Musik: Karl Hofer meinte, die Wagnerschen »Leitmotive seien keine Musik, sondern Feuerwehrsignale. In der Tat konnte man bei Tage und bei Nacht diese Noten, vor allem das Siegfriedmotiv, von der begeisterten Jugend vor irgendwelchen Fenstern pfeifen hören. Die Szene mit den in meergrünen Negligés herumschwimmenden Rheintöchtern bezeichnete ich allerdings sehr böswillig als Hurenaquarium.«

1864 konnte Devrient Hermann Levi als Hofkapellmeister gewinnen. Levi ließ bei den Proben nicht durchspielen, sondern setzte bei einzelnen Passagen immer wieder neu an. Das ist heute gängige Praxis, damals war es revolutionär. Der Münchener Intendant von Possart beschrieb ihn so: »Mit dem kurzen Emporrecken seines geistreichen Kopfes, einem Blitz des ausdrucksvollen Auges, befeuerte er die Sänger auf der Bühne, und der lebhaft wechselnde Ausdruck seines Gesichtes sprach beredter zu den Musikern, als es die pomphafte Geste eines landläufigen Kapellmeisters je vermochte.« Vierzig Opern standen jährlich auf dem Spielplan, viele von Wagner.

Levi und sein Nachfolger Felix Mottl waren mit Johannes Brahms und Clara Schumann befreundet, die auch in Konzerten auftraten. Brahms wohnte bei Levi, spielte sein Klavierkonzert op. 15 und dirigierte »Ein deutsches Requiem«. Allerdings hatte Mottl Schwierigkeiten, die neue Musik durchzusetzen, ein populärer Schüttelreim dichtete:

Geh doch nicht in Mottl's Tristan,
und hör dir dieses Trottel's Mist an!
Schaff' dir lieber ein Drittel Most an
Und trink dir mit diesem Mittel Trost an!

In der Fachwelt hatte Mottl einen überragenden Ruf, viele wollten ihn abwerben. In Brüssel, London und New York dirigierte er als Gast, und der sonst spitzzüngige George Bernard Shaw empfahl den Londoner Orchestern Mottls »Tannhäuser« als Vorbild. Der Lyriker Alexander von Bernus nannte Mottl »die einzige Oase« in einem ganz und gar »stinklangweiligen Nest, nur Militär und wieder Militär und eine engstirnige, abgestandene Hofgesellschaft.«

Devrient zog sich 1870 zurück: Der erste Höhepunkt des Theaters war damit vorbei. Seine Nachfolger, unter ihnen Gustav Gans Edler Herr zu Putlitz, Albert Bürklin und August Bassermann, konnten an diesen überwältigenden Erfolg nur mit Mühe anschließen.

Die Kunstschule

1854 gründete Großherzog Friedrich I. »mittels höchster Entschließung aus geheimem Cabinet« eine Kunstschule. Sie sollte »in allen Richtungen Maler vollständig ausbilden. Vorerst beginnt sie aber ihre Wirksamkeit als Landschafterschule in Verbindung mit Genre-, Thier-, Architectur- und Marine-Malerei.« Die Regelstudienzeit betrug sieben Jahre, aber: »Stellt es sich heraus, daß innerhalb drei Jahren keine künstlerische Entwicklung erfolgt, so muß der Schüler die Anstalt auf das Urtheil des Vorstandes hin verlassen.« Sowieso galt gutes Benehmen als Pflicht, »unsittliches Betragen, anhaltende Trägheit, Nachlässigkeit im Besuche der Schule« zog die Entlassung nach sich.

Frauen waren an der Schule nicht zugelassen, obwohl Sophie Reinhard bereits 1813 Hofmalerin war, Marie Ellenrieder ab 1829. 1885 wurde eine Malerinnenschule gegründet. Erst in der Weimarer Zeit erzwangen sich die Schülerinnen die Aufnahme an die Akademie. Selbstbewusst sagte Margarethe Hormuth-Kallmorgen: »Ich will keine Frau sein, die mit ein bisschen süßem Geschwätz den Mann unterhält, ihm ein kostbares Spielzeug ist - oh nein.« Und dennoch musste sie ihre Zeit anders als ihr Mann einteilen: »Abends strickend, morgens malend, nachmittags Frau für alles.«

Erster Direktor der Kunstschule wurde der Düsseldorfer Landschaftsmaler Johann Wilhelm Schirmer. Er baute die Kunstschule auf, ganz wörtlich: »Dieselbe besteht aus 2 Häusern auf der Stephanien Strasse mit einem Gartenraum von 3 ½ Morgen. Die Kunstschule wird nach meiner Angabe ganz neu erbaut.« Den Bau bezahlte der Großherzog aus seinem persönlichen Vermögen.

Der Konstanzer Friedrich Pecht diffamierte Schirmer heftig: »Abgesehen davon daß wir die Schaffung einer Kunstakademie in einer kleinen Stadt wie Karlsruhe für ein äußerst überflüssiges Unternehmen halten müssen, erscheint die Wahl eines Landschafters als Vorstand einer solchen Schule höchst unzweckmäßig; es ist dieß unsers Wissens das erstemal daß man selbst in dem an wunderlichen Ideen nicht armen Deutschland auf einen solchen Gedanken kommt.« In einer Kunstakademie, meinte er, sollen »doch wohl auch andere Dinge als Baumstämme gemalt werden.« Er verlangte, dass man die Schule einstellt und für das Geld Bilder einheimischer Künstler kauft (auch seine eigenen wahrscheinlich).

Bereits 1863 starb Schirmer. Nach seinem Tod klagte der Kunsthistoriker Friedrich Fries, es sei »keiner mehr da, der Talent von Stümperhaftigkeit, der ernstes Kunststreben von Dilettantismus unterscheiden konnte oder auch wollte.« 1892 wurde die Schule Akademie und legte »die Gleichberechtigung aller ästhetisch anerkannten Kunstrichtungen« in ihrem Statut fest.

Nach Schirmer wurde der Landschaftsmaler Hans Frederik Gude, dann Gustav Schönleber Direktor, der mit dem modernen Realisten Leopold von Kalckreuth den »Künstlerbund« gründete. Der Bund förderte die grafischen Künste und wollte die Kunst popularisieren, wie auch die Grötzinger Malerkolonie mit Friedrich Kallmorgen und Gustav Kampmann. Ab 1899 lehrten Hans Thoma und Ludwig Dill, ab 1903 Wilhelm Trübner an der Akademie. Der riet Hans Thoma einmal ab, eine befreundete Dame zu malen: »Tun Sie das lieber nicht, Porträtmalen zerstört die Freundschaft.«

Unter Thomas Schülern ragt der 1878 geborene Karl Hofer heraus. Von den Feiern im »Künstlerbund« und auf dem Turmberg erzählt er: Die Bowle war »außerordentlich berauschend und hat die übelsten Nachwirkungen. Die Lustigkeit begann bald in völlige Trunkenheit überzugehen; Gläser wurden an die Wand geworfen, Spiegel, Lampen und anderes ging in Scherben, und man begoss sich gegenseitig mit dem Maitrank. Der über zwei Meter große Graf Kalckreuth tanzte umher, die Hände an die für ihn erreichbare Decke schlagend, und im Hof musste der Taubenschlag dran glauben. Das alles ergab eine schöne Summe als Schadenersatz, die in den nächsten Tagen von wohlhabenden Mitgliedern aufgebracht wurde. Wenig schön hingegen war für mich der Abstieg vom Berge, wobei ich, unsicher auf den Beinen, meistens auf der Nase lag.«

1869 bot man Anselm Feuerbach eine Professur für Historienmalerei an, aber er verlangte zu viel: Ankauf seines Gemäldes »Medea« für 15000 Taler, ein Haus mit Garten und großem Atelier, Anwesenheit nach seinem eigenen Gutdünken. Die Antwort: »Auf allerhöchsten Befehl als vollkommen unerfüllbar ad acta.«

1900 wurde Wilhelm Süs eine keramische Werkstätte gebaut, aus der 1901 in der Hoffstraße die »Großherzogliche Majolika-Manufaktur« mit elf Angestellten entstand. 1909 zog sie in den Hardtwald um. Während Thoma, der sie unterstützte, die bäuerliche Hafnerware schätzte, liebte Süs die farbigen italienischen Majoliken.

Die Kunsthalle

1899 wurde Hans Thoma Direktor der Kunsthalle. Der Großherzog ehrte ihn durch den Bau eines dritten Flügels und der »Thoma-Kapelle«. Thoma kaufte vor allem Werke badischer Künstler, von Freunden und Schülern, auch um sie finanziell zu unterstützen. 1919 zog er sich in hohem Alter von seinem Amt zurück. Seine konservative Kunstauffassung hatte zur Folge, dass der Anschluss an die Moderne verpasst war. Er fand das richtig: Noch in seinen Erinnerungen wandte er sich scharf gegen den Impressionismus, den er »Farbensehenserrungenschaftsmomentskizzen« nannte.

Der Kunstverein

Im Kunstverein saßen viele prominente Maler und Professoren der Akademie im Vorstand; Ludwig Des Coudres, mit Schirmer aus Düsseldorf gekommen, wurde 1867 Präsident. Zunächst stellte der Verein in der Kunsthalle aus, was deren Direktoren gar nicht gefiel, weil sie ihn damit aufgewertet sahen. Nach einigen Zwischenlösungen zog er 1900 in das Gebäude in der Waldstraße, vom Großherzog gebaut, wo er bis heute ansässig ist.

1906 zeigte der Kunstverein »Französische Künstler«, Seurat, Gauguin und van Gogh, 1908 die Dresdner Brücke mit Heckel,

Moll und Amiet. 1909 gab es einen Skandal, als Werke der »Neuen Künstlervereinigung München« ausgestellt wurden: Braque, Kandinsky, Picasso. Der Vorstand hatte die Wanderausstellung angenommen, sich aber dann öffentlich distanziert. Die Presse stimmte ihm zu und sah »ein bedenkliches Zeichen dafür, was für Unheil heutzutage durch gewisse, von Paris aus in die Welt gesetzte Kunstmoden in unreifen Köpfen angerichtet wird.« Eine zweite Zeitung meinte: »Es ist direkt ein Skandal, was und noch viel mehr wie diese Herren ›malen‹«. Diese Kunst sei eine »bodenlose Unverfrorenheit«. 1910 schrieb Franz Marc spöttisch an einen Freund: »Der Karlsruher Schwabenstreich ist ja famos. Sind die ›Massenaustritte‹ nun wirklich erfolgt? Es wäre ja ein famoses Mittel zur Sanierung deutscher Kunstvereine.«

Fotografie

1861 wurde der Zeichenlehrer Theodor Schuhmann Hoffotograf. Großherzog Friedrich I. spannte die neue Kunst der Fotografie für seine Zwecke ein. Für das Publikum posierte er als junger Mann fesch in Uniform, 1880 in Zivil wie ein gestandener Geschäftsmann, als alter Mann patriarchalisch mit seiner Frau. Nach diesen Fotos wurden häufig die offiziellen Bilder gemalt oder graviert. Eine Firma warb damit, dass »die Gewähr gegeben sei, dass die von uns herausgegebenen Bildnis-Gravuren auch diejenigen sind, welche die Höchsten Herrschaften im Lande verbreitet wissen möchten.«

Auch Adel und gehobenes Bürgertum wollten Porträts. Schnell kam es zu Ateliergründungen, die meisten in guter Lage in der Langen Straße: Schulz & Heim mit dem berühmten Fotografen Oskar Suck, Kühn & Bauer, Hirsch, Obermüller, Adalbert Uetz, Karl Ruf.

Das greise Großherzogenpaar

1861 gründete Albert Glock seine Firma, die noch heute besteht. Mit dem Chemiker Xaver Beil entwickelte er die benötigte Technik: »Wir beehren uns, hierdurch die ergebene Anzeige zu machen, daß wir ein chemisches Laboratorium zur Darstellung von Präparaten für Daguerreotypie, Photographie und Panotypie errichtet haben und alle dahin einschlägigen Produkte absolut rein liefern werden.« 1888 gab Glock den ersten Katalog für nicht-professionelle Fotografen heraus und eigene kleine Kameras wie »Glock's Schwarzwald-Hand- und Touristenkamera«.

Panorama und Kino

Eine heute fast vergessene Kunst war das Panorama, eine gemalte 360-Grad-Rundumsicht von fremden Landschaften und Städten wie Rom oder Jerusalem und historischen Begebenheiten und Schlachten. Für die Panoramen wurden eigene Häuser konstruiert, die Wirkung war verblüffend: Man stieg eine dunkle Treppe hinauf und trat dann in eine lichtdurchflutete Ansicht – man stand mitten im Gemälde, das so detailgetreu und realistisch gemalt war, dass man im ersten Moment erschrecken konnte. Viele erkannten Einzelheiten wieder, die sie selbst erlebt oder gesehen hatten. 1894 wurde in Karlsruhe ein eigenes Panoramahaus, ein »stattlicher Rundbau«, an der Ettlinger Straße errichtet, Bilder malte u.a. Friedrich Kallmorgen.

Das Panorama wurde aber schnell von einer technischen Neuigkeit abgelöst, die mehr Aufsehen erregte, die bewegten Bilder, das Kino. 1900 wurden die ersten Aufnahmen im Varietétheater Colosseum in der Waldstraße gezeigt, »kinematographische Marine- und andere Bilder des Herrn Meßter«. Ein Jahr später waren »Originalaufnahmen der Pariser Weltausstellung, unsere Flotte etc. etc.« und sogar »Lokalaufnahmen von Karlsruhe« zu sehen. 1901 gastierte ein Vorläufer des Tonfilms. »Es war außerordentlich interessant, die berühmten Schauspieler, Sänger usw. nicht nur in voller Aktion auf der Bühne zu sehen, sondern auch gleichzeitig zu hören. Phonograph und Kinematograph, genau zueinander angepasst, vereinigen sich hier mit überraschender Wirkung, um dem Ohr und Auge wirkliches Leben vorzutäuschen.«

1907 eröffnete das erste Kino Karlsruhes, das »Thalia«, in der Waldstraße, 1908 der »Welt-Kinematograph« in der Kaiserstraße (geleitet von Salomon Mansbacher, dem Vater des späteren Schauburg-Gründers) und das »Residenztheater« in der

Waldstraße 30. Vom Hofbäcker Otto Alban Kasper gegründet, gab es in diesem »belehrenden Institut, Sehenswürdigkeit 1. Ranges« mit einem »angenehmen Familienaufenthalt« Vorführungen mit »singenden, sprechenden und musizierenden Photographien«. Bis zum Krieg entstanden acht Kinos, darunter auch die »Flohkischd« am Rondellplatz.

Freizeit

Als Freizeitvergnügen gab es neben den vielen Wirtshäusern (1898 sollen es über 250 gewesen sein) auch viele Feste. Bürklin erzählte, dass man »ganz besonders reich sein musste an Geld oder Leichtsinn, um alles mitmachen zu können. Jubiläum, Sängerfest, Feuerwehrfest, Schützenfest, Blumenausstellung, Hühnerausstellung, Gewerbeausstellung, Kaiserparade, und Ende gut, alles gut, das Leihhaus.« Gefeiert wurden »vaterländische« Ereignisse, gewonnene Schlachten, die Geburtstage von Moltke oder Bismarck. Besonders beliebt waren öffentliche Umzüge, vor allem mit historischem Anstrich. Bei einem »allgemeinen badischen Leibgrenadiertag« zogen 4000 Teilnehmer durch die festlich geschmückte Stadt, »besondere Aufmerksamkeit erregten die historischen Gruppen, welche die Entwicklung des Regiments, bzw. des badischen Militärs seit seinen ältesten Anfängen veranschaulichen.«

Literatur: Verlage und Autoren

1828 machte Adolf Bielefeld eine Lehre in der Braunschen Buchhandlung, 1838 wurde er Geschäftsführer der Marxschen Buchhandlung. Die Stelle sagte ihm aber nicht zu: »wegen der großen Unordnung, die darin herrschte.« 1839 kaufte er die

»Ch. Th. Groossche Sortimentsbuchhandlung« und eröffnete neu in der Kaiserstraße Ecke Marktplatz. »Im Jahre 1855 wurde mir vom Großherzog der Auftrag ertheilt, seine und die Bibliothek seines Vaters zu vereinigen und wurde sportelfrei zum Hofbuchhändler ernannt«, erzählte er. In der Bielefeldschen Buchhandlung arbeitete auch der später berühmte Verleger Eugen Diederichs. Hier entwickelte er »ein instinktives Gefühl für Bücher, die über dem Zeitgeschmack stehen und erst später wertvoll werden und für Büchertitel. Ich habe später manchem Autor den Titel seines Buches machen helfen und verdanke dies Geschick in erster Linie dem Instinkt des Antiquars.« Diederichs war Mitglied in einem Turnverein, »und vor allem fuhr ich fleißig Rad.«

Es gab nur wenige Verlage in Karlsruhe, und keinen von überregionaler Bedeutung. Neben dem katholischen Badenia-Verlag und dem evangelischen Verlag J. J. Reiff gab es G. Braun, der Schulbücher und badische Landeskunde publizierte und Zeitschriften wie die »Volksschulwarte, unabhängige pädagogische Wochenschrift« sowie das Karlsruher Adressbuch. C. F. Müller gab juristische und technische Literatur heraus und Eisenbahnkursbücher, ab 1887 die Reihe »Die Kunstdenkmäler Badens«. Bei Müller arbeitete Karl Hofer: »Wohl führte sie den Namen Buchhandlung, doch gab es keine Bücher dort zu kaufen, sondern nur behördliche Drucksachen, Impressen genannt. Meine Lehrzeit begann damit, dass ich vier Seiten dummes Zeugs aus einem großen Folianten abschreiben musste. Meine weitere Tätigkeit war zu wenig interessant, um geschildert zu werden.« Der Drucker Wilhelm Hasper publizierte ein viersprachiges Wörterbuch und Bücher von russischen Autoren, u. a. Gesamtausgaben von Iwan Turgenjew und dem Hebel-Übersetzer Wassilij Shukowski, der 1852 in Baden-Baden starb.

Am Spitalplatz lebte der Pfarrer Emil Frommel (1828-1896), der Mundartgedichte und Gelegenheitsverse schrieb. Die

»Chronik seines Lebens« ist noch heute kulturhistorisch interessant, sehr lebendig erzählt er aus dem Leben im »Dörfle«.

Der Bestsellerautor Joseph Victor von Scheffel (1826-1886) lebte viele Jahre in der Stephanienstraße 16. In Karlsruhe kam er sich vor wie »eine Forelle in einem Zuber lauen Wassers.« Angestellter wollte er hier nicht werden: »Es ist zuviel Hofluft, zuviel Bureaukratie und zuviel Äusserlichkeit hier.« Wann immer er konnte, floh er aus dem »unsympathischen Rheinsand der badischen Residenz«. Scheffel schrieb den historisierenden Roman »Ekkehard«, der am Bodensee spielt, und viele studentische »Gaudeamus«-Lieder.

In Karlsruhe lebte auch Ludwig Eichrodt (1827-1892), der mit dem Arzt Adolf Kußmaul (1822-1902) die Biedermeier-Figur erfand und damit einer ganzen Epoche den Namen gab. Eine Zeit lang wohnte der Pfarrer und Abgeordnete Heinrich Hansjakob (1837-1916) in Karlsruhe, der das Leben »In der Residenz« beschrieb. Vor allem den »Korso« mochte er und die »Tramway - vulgo Pferde-Eisenbahn. Die Glaswagen des Tramways ziehen, wie große Laternen am hellen Tage, über den belebtesten Teil des Korsos und verkünden das unheilvolle Zeitbild der Gründungen ...« Auch die Frauen hatten es dem Pfarrer angetan: »Fein sittig und züchtiglich wandeln sie den Korso auf und ab.«

Ein Sonderfall ist Albert Geiger (1866-1915). Niemand beschimpfte Karlsruhe so virtuos wie er. Viele Jahre leitete er den Verein »Heimatliche Kunstpflege«: »Zunächst sprang das Publikum ab, wenn man hier von einem solchen reden kann. Dann versagten die Mittel. Die Behörden unterstützten nur sehr zurückhaltend. Endlich verliefen sich die Künstler. Und nun mit dem kommenden Frühjahr mache ich Schluss. Wozu den halbtoten Kadaver noch länger herumschleppen.« In seinen Büchern gibt Geiger ein lebendiges und ironisches Bild von Karlsruhe, die er als »Stadt der Mittelmäßigkeit« bezeichnete: »Es fehlte an dem scharfen Wind einer unbekümmerten Kritik, der die Nebel über Dingsdahausen hinweg geblasen hätte.« Karlsruhe sei auch nicht »klar und lichtvoll wie eine Regel«, sondern wie »eine in der Mitte auseinander geschnittene Geburtstagstorte«. In »Martin Staub« erzählt er von der Südweststadt, dem Künstlerhaus und den Kneipen, in denen auch Künstler verkehrten: »Hat er alles Geld vom Erlös eines Bildes vertrunken, so malt er ein neues, und dann ist er zuweilen vormittags noch nüchtern.«

Carl Einstein (1885–1940) wurde später als Kunstkritiker berühmt. Sein Vater war Kantor und Direktor des Israelitischen Landesstifts für jüdische Religionslehrer. Carl flog vor dem Abitur vom Großherzoglichen (Bismarck-)Gymnasium, weil er sich, wie Direktor Wendt schrieb, »nach Straßburg begeben, dort liederliche Häuser besucht«, sich »in der Nacht vom 3./4. Juli betrunken und dadurch ein Schulversäumnis herbeigeführt« hat. Nach dem Abitur in Rastatt wurde er Lehrling bei Homburger und studierte ab 1904 Kunstgeschichte in Berlin. In einem Epoche machenden Essay entdeckte er die »Negerplastik« für die moderne Kunst. Ab 1933 konnte er aus Frankreich nicht mehr nach Deutschland zurückkehren und vereinsamte: »Ich werde jetzt jeden tag mich kurz mit mir unterhalten; denn seit langem bin ich von gleichsprachigen menschen und buechern abgeschnitten.« Im Juli 1940 beging er Selbstmord.

Zeitungen

Vor und nach dem Ersten Weltkrieg erschienen mehrere Tageszeitungen (zu der Zeit erschien die Neue Zürcher Zeitung drei Mal täglich!): die »Badische Landeszeitung«, der »Karlsruher Beobachter«, die »Karlsruher Zeitung«, die »Badische Presse«, der »Volksfreund«, der »Residenzanzeiger« und das »Karlsruher Tagblatt«, in dessen Beilage »Die Pyramide« viele Literaten und Kritiker aus ganz Deutschland schrieben und sich manche heftige literarische und politische Debatte lieferten. Mancher abonnierte mehrere Zeitungen, wie Bürklins Kanzleirath: »Es ist Grundsatz bei ihm, jeder müsse nach Kräften zur Hebung der Künste und Wissenschaften beitragen, und so hat er sich denn für 5 Mark jährlich auf das Karlsruher Tageblatt abonniert wegen der Steigerungen und Todesanzeigen, und für 5 Mark auf das Gutschenblättle wegen der Politik und wegen der schönen Geschichten.«

Friedrich Gutsch

Friedrich Gutsch (1838–1897) war Buchdrucker und gründete die »Karlsruher Nachrichten«, die 25 Jahre lang erschienen und nur über Karlsruhe berichteten. Das »Gutscheblättle« informierte über Gemeindepolitik, Kunst und Theater, Vereine und Vermischtes. Es hatte einen erheblichen Einfluss auf die Politik. Gutsch schrieb außerdem Mundartgedichte mit viel Lokalkolorit und Humor.

Vereine

Um 1890 existierten 216 Vereine, im Adressbuch nach Rubriken sortiert: »Kunst und Wissenschaft«, »Wohltätigkeit, Armen- und Krankenpflege«, »gemeinnützige Zwecke«, aber auch »gesellige Zwecke«, »Musik und Gesang«. Nach und nach richteten die Sportvereine eigene Plätze ein. Das Lyceum bekam einen eigenen Turnplatz im Sallenwäldchen, der erste seiner

Es gab in den 1890er Jahren u. a. einen Männerturnverein, eine Karlsruher Turngemeinde und die Turn-Gesellschaft Karlsruhe, den Ruderclub »Salamander«, die Rudergesellschaft, die Athleten-Gesellschaft »Herkules«, den Athleten-Klub »Germania«, die Allgemeine Radfahrer-Union, den Bicycle-Club von 1882, den Velocipedclub »Fidelitas«, den Fecht-Club »Hermanduria«, die Schützengesellschaft und den Karlsruher Eislaufverein, der am 8. Juli 1894 auch ein »Lawn-Tennis-Turnier« veranstaltete.

Art in ganz Baden. Ab 1856 nutzte der Turnverein diesen Platz mit.

Von Fußball ist kaum die Rede. Erst Walter Bensemann, ein aus der Schweiz kommender 16-jähriger Unterprimaner, führte den Sport ein: »Im September 1889 ließ ich aus der Schweiz einen Fußball kommen; der Ball wurde morgens vor der Schule aufgeblasen, und in der Zehn-Uhr-Pause musste bereits ein Fenster des Gymnasiums daran glauben. Der im Schulhof wandelnde Professor du jour, der Historiker Dauber, hielt eine Karzerstrafe für angemessen; allein Direktor Wendt erklärte sich mit der Bezahlung des Fensters einverstanden und schickte uns auf den kleinen Exerzierplatz, ›Engländerplatz‹ genannt. Hier hatten zwei Jahre vorher einige Engländer sowie Gymnasiasten, zu denen auch Prinz Max von Baden gehörte, Rugby gespielt. Wenige Tage nach unserer Übersiedlung auf den Engländerplatz gründeten wir den Karlsruher Football-Club.« Fußball war ein englisches Spiel. Man sagte »goal«, »full back« und »corner«. Das missfiel vielen Deutschen, sie blieben den Fußballspielen fern: Sie galten als »undeutsch«.

Trotzdem entstanden rasch weitere Vereine und gingen manchmal ebenso rasch wieder ein: Fußball-Verein, Kickers,

Phönix, Franconia, Alemannia I, Alemannia II, Fidelitas, Badenia, Celeritas. Die Vereine hatten oft wenige Mitglieder, und wenn ausgerechnet diejenigen austraten oder von den Eltern das Spielen verboten bekamen, die den Ball oder das Tor besaßen, konnte der Klub nicht mehr spielen.

Später ging es steil aufwärts. FC Phönix wurde 1909 sogar deutscher Meister. Fußballstars waren Arthur Beier, Kapitän der Mannschaft, Robert Neumeier, einer der besten linken Verteidiger, und Julius Hirsch vom KFV. Siebenmal spielte er in der Nationalmannschaft mit und war auch 1912 an dem 16 : 0-Erfolg gegen Russland während der Olympiade beteiligt; Gottfried Fuchs, ebenfalls vom KFV, schoss allein zehn Tore.

Verkehr

Carl Benz war zwar in Karlsruhe geboren, aber sein Auto entwickelte er in Mannheim. 1886 fuhr das erste Auto auf der Straße. 1907 gab es in Karlsruhe 14 Motorräder, 50 Autos und 6 LKWs. Fuhrwerke, Handkarren und Dreiräder wurden nicht gezählt, waren aber sicherlich in der Überzahl.

1852 fuhr in New York die erste Pferdebahn, 25 Jahre später stellte Karl Westenfeld eine Bahn auf die Straße, die von Durlach zum Marktplatz und zum alten Bahnhof fuhr. 1881 fuhr die erste Dampfbahn der »Vereinigten Karlsruher, Mühlburger und Durlacher Pferde- und Dampfbahngesellschaft« auf Schienen durch die Stadt. 1894 kaufte die AEG den Betrieb und elektrifizierte ihn. Es gab überall Oberleitungen, außer in der Kaiserstraße: Die Bahnen mussten hier auf Batteriebetrieb umgestellt werden. 1899 wurde das Straßenbahndepot an der Tullastraße gebaut, das noch heute in Betrieb ist.

Pünktlich zum Jahrhundertwechsel fuhr die letzte Pferdebahn durch Karlsruhe, am 19. März 1900 zog das Pferd Minna seinen letzten Wagen. 1903 kaufte die Stadt die Bahn, versorgte sie mit Strom aus dem neuen E-Werk am Rheinhafen und baute sie aus: 1911 gab es schon sechs Linien. Weitere Bahnen fuhren aufs Land, die Kraichgaubahn ab 1879 bis Heilbronn, die Lokalbahn nach Durmersheim ab 1891, die Albtalbahn ab 1897.

Der neue Bahnhof

Der Bahnhof lag ungünstig: Die Gleise schnitten die Stadt in zwei Teile und hatten zudem eine schlechte Führung. Brücken wurden gebaut, wie an der Ettlinger Straße, aber: »Die Treppen waren unbequem, der aufsteigende Rauch aus den vorüberfahrenden Lokomotiven lästig, so wurde der Steg weniger benutzt als bespöttelt und gemieden.«

Pferdebahn im Stadtteil Mühlburg

Sieben Eisenbahnlinien liefen in Karlsruhe zusammen, 1910 verkaufte die Bahn schon zwei Millionen Fahrkarten. Ein neuer, größerer Bahnhof musste also her: Im Oktober 1913 war er fertig. Zwar hatten den Wettbewerb Hermann Billing und Wilhelm Vitalli gewonnen, ausgeführt wurde der Bau aber von August Stürzenacker, der einen großen, stützenfreien Hallenbau konstruierte. Der Mundartdichter Fritz Römhildt bespöttelte, dass Architekt und Stadtrat vergessen hatten, dass so ein Bahnhof auch Toiletten haben muss.

Große gelbe Plakate verkündeten zur Einweihung, wann die letzten Züge vom alten und die ersten zum neuen Bahnhof fuhren. Alle wollten diese historischen letzten Fahrkarten haben, alle wollten mit der letzten Bahn nach Durlach fahren und zum neuen Bahnhof zurück. Ein richtiges Event. Leider funktionierte nichts. Die Zeitungen schrieben am 25. Oktober: »Ein heilloses Chaos herrscht auf dem neuen Bahnhof. Weder Weichen noch Signale funktionieren ... Der Theaterzug nach Pforzheim traf dort statt um Mitternacht erst morgens um 7 Uhr ein.«

Zeppelin und Flugschau

1909 flog der erste Zeppelin über der Stadt, die »Zeppelin 3« mit vier Propellern. Der Großherzog, seine Frau und der deutsche Kaiser sahen sich das Schauspiel vom Schlossbalkon an, die Straßen der Stadt waren schwarz vor Menschen. Auf dem Dach des Hoftheaters standen Musiker, die das Lied »Was kommt dort von der Höh'?« spielten. Über der Hübschstraße 29 in der Südweststadt ging der Zeppelin etwas tiefer, weil der Chefpilot, Oberingenieur Dürr, für seine Schwester, die dort wohnte, eine Karte abwerfen wollte. 1911 gab es in Karlsruhe die erste Flugschau auf dem Exerzierplatz.

Der Rheinhafen

Der Maxau-Hafen von 1862 wurde schnell zu klein: Es gab nur einen Kran, es fehlten »die nötigen Auslade- und Lagervorrichtungen und der Bezug oder Versand von Waren über diesen Hafen bot keine oder nur sehr geringe Frachtvorteile gegenüber dem Umschlag in Mannheim«, wie der Stadtrat feststellte. Aber erst 1898 wurde nach Plänen des Oberbaudirektors Max Honsell der Hafen zwischen Daxlanden und dem Lutherischen Wäldchen ausgebaut, mit einem knapp zwei Kilometer langen Kanal zum Rhein, drei Hafenbecken, einem Wendeplatz und einem eigenen Hafenamt. Am 1. Mai 1901 wurde der Rheinhafen eröffnet, 1902 feierlich eingeweiht: Der Großherzog bestieg probeweise einen Raddampfer. Der Hafen war wirtschaftlich sehr erfolgreich und wurde ständig erweitert, bis 1963 der große Ölhafen hinzukam.

Der Stadtgarten

Die Anfänge des Stadtgartens liegen im Jahr 1817. Damals wurde die Beiertheimer »Sautränke« für die Bürger ausgebaut und war bald ein beliebtes Ausflugsziel. 1865 regte der Badische Verein für Geflügelzucht einen Tiergarten an, der ein Jahr später eröffnet wurde. Ein paar Jahre später konnte man außerdem Büffel, Bären, Wölfe, Affen und Papageien sehen, ab 1872 auch in einer beheizbaren Glashalle. Spöttisch hieß es damals: »Die Stuttgarter haben vier Giraffen, wir haben schier vier Affen.«

Der Stadtgartensee entstand beim Ausgraben des Geländes für die Festhalle, der Schwanensee (damals Ludwigs-See) beim Bau des Lauterbergs. Der Berg war als städtisches Wasserreservoir geplant und ging auf eine Idee des damaligen Oberbürgermeisters Lauter zurück. Auf diesen künstlichen Hügel baute man eine künstliche Ruine aus den Steinen der abgebrochenen Festung Rastatt, am Fuß des Hügels stand ein Schwarzwaldhäuschen mit einem Café. Der südlichste See mit den Promenaden rundherum wurde um 1913 wieder zugeschüttet, weil der Bahnhof einen großen Vorplatz haben sollte.

Nach und nach wurde der Stadtgarten ausgebaut und umgestaltet, der Gondelteich kam hinzu, Brunnen, Spielplätze und Rosengärten. Der Japangarten ist einem Arzt zu verdanken, der jahrelang in Japan lebte und Pflanzensamen, 1500 japanische Iris und eine Steinlaterne mitbrachte.

Der Botanische Garten

Von 1853 bis 1857 baute Weinbrenners Schüler Heinrich Hübsch eine Reihe von Gebäuden um den Botanischen Garten, eine neue Orangerie, die »warmen Häuser« für die exotischen Pflanzen, den Torbogen und die große Exedra des »itali-

Der botanische Garten um 1850

enischen Gartens«. Jedes dieser Gebäude erhielt einen eigenen Charakter, eine geschlossene oder eine offene Fassade, einige aus Stahlträgern, andere klassisch gebaut. Insgesamt ergab sich ein abwechslungsreiches und spannungsvolles Ganzes in angenehmer Asymmetrie.

Die Planung war durch die fast dreieckige Form des Botanischen Gartens, mit der Spitze zum Schlossturm allerdings schwierig. In diese Spitze setzte Hübsch ein kleines Wäldchen, das durch seine Rundung das Spitze abmilderte. Zum Westen öffnete sich der Garten zu großen Rasenflächen. Hübsch schuf, was noch heute begeistert: die Weitläufigkeit, die großen und scheinbar weiten Ausblicke auf so engem Raum. Blickt man zum Schloss, wirkt der Garten länger und gestreckter, sieht man Richtung Westen, wirkt er breiter als er tatsächlich ist.

Friedrich II.

Die Politik seines Vaters führte der letzte Großherzog des Landes, Friedrich II. (1857–1928) fort, der ab 1907 regierte. Auch er war liberal gesinnt und engagierte sich für den wissenschaftlichen und kulturellen Fortschritt. 1885 heiratete er Hilda von Nassau. 1902 schied er aus dem Militärdienst aus, da er vom deutschen Kaiser nicht, wie gewünscht, zum Kommandierenden General von Baden ernannt wurde. Er ging nach Karlsruhe und zog in das neu erbaute Erbgroßherzogliche Palais. 1918 dankte er ab.

Erster Weltkrieg

Der Erste Weltkrieg bereitete der Zeit des Wohlstands und der Ruhe ein jähes Ende. Die Feiern zum zweihundertjährigen Bestehen der Stadt mussten abgesagt werden, die geplanten Ausstellungen, Denkmalseröffnungen, Musikfeste und Regatten fielen aus. Eine neue Zeit brach an, und zwar ganz brutal: 5500 Karlsruher starben. Der letzte Kriegsgefangene kam im Oktober 1922 zurück.

Anfangs glaubten fast alle, dass der Krieg schnell und mit dem Sieg der Deutschen enden würde. Viele Freiwillige meldeten sich am 1. August 1914, dem Tag der Mobilmachung, an die Front, sogar Schüler. Die Straßen waren mit Fahnen geschmückt, die »Chronik« von 1914 (ein »Tagebuch der Fächerstadt«) berichtete, dass man überall »Äußerungen des gerechten Zorns über den frevelhaften Überfall« auf den Erzherzog in Sarajevo hörte und »aus tausend und abertausend Kehlen ... das Lied ›Lieb Vaterland magst ruhig sein‹« erklang. Am 22. August läuteten die Glocken, der erste Sieg wurde gefeiert.

Am 15. August kamen die ersten 300 Verwundeten von der Front zurück, Schulen wurden zu Krankensälen umfunktioniert, Straßenbahnen zu Lazarettzügen. Ab Oktober 1915 arbeiteten die ersten französischen Kriegsgefangenen am Albufer und in der Landwirtschaft. Fraternisierung war streng verboten. Viele Frauen ließen sich trotzdem nicht abhalten.

Strenge Reglements erfassten das ganze Alltagsleben: Zeitungen wurden zensiert, Post- und Telegrafieverkehr beschränkt, Pferde und Autos beschlagnahmt, Lehrer und Beamte eingezogen. Das Theater spielte keine »feindlichen Autoren« (französische und russische) mehr, dafür gab es »vaterländische Abende«.

Gute Geschäfte machten die Deutsche Waffen- und Munitionsfabriken, andere Firmen mussten wegen Auftragsmangel Arbeiter entlassen, die Nähmaschinenfabrik Gritzner in Durlach über tausend. Vielfach übernahmen Frauen die Arbeit, weil die Männer an der Front waren.

Da Lebensmittel knapp wurden, ließ die Stadt Kleingärten anlegen: Sportvereine mussten ihre Plätze abgeben, und auch im Stadtgarten wurde Gemüse angepflanzt. Die städtische Schweinemästerei sammelte Haushaltsabfälle, das Brot wurde mit Kartoffelmehl versetzt. Höchstpreise wurden festgelegt, später gab es Lebensmittel nur noch gegen Marken. 1915 wurde Brot rationiert, Milch und Fleisch, dann auch Kohlen. 1917 hieß es in einer Bekanntmachung: »Die Kopfmenge an Fleisch und Wurst beträgt für kommende Woche 200 gr Fleisch und 50 gr Wurst, für Kinder jeweils die Hälfte.«

Durch den Mangel an Futter gab es bald weniger Vieh, weniger Milch, weniger Hühner, weniger Eier. Alles wurde teurer, vieles unerschwinglich. Alte Menschen starben an Unterernährung. In Zentralküchen und Wärmehallen gab es Essen und eine warme Unterkunft. Die Straßenbeleuchtung wurde 1917 bis auf wenige Ausnahmen abgestellt, Kupfer- und Zinngegenstände wurden eingesammelt, Aluminium, Kork, Bronzeglocken und elektrische Maschinen. Immer wieder forderte man die Bevölkerung auf, zu spenden: »Kriegsanleihen zeichnen.« Und »Harret aus!«

Luftangriffe

Der Krieg kam direkt in die Stadt: aus der Luft. Die Franzosen wollten die Waffenfabriken, den Bahnhof und die Militärdienststellen zerstören. Der erste Luftangriff traf am 15. Juni 1915 eine völlig unvorbereitete Bevölkerung, es hatte nie Übungen gegeben. 29 Menschen starben, über 100 Häuser in der ganzen Innenstadt wurden beschädigt, die meisten aber nur leicht.

Beim zweiten Angriff am 22. Juni strömten trotz der Toten und Verletzten alle neugierig auf die Straßen und stiegen sogar auf die Dächer, um sich das Schauspiel anzusehen. 25 Flugzeuge sollten den Bahnhof angreifen. Aber die Flieger orientierten sich nach alten Plänen, auf denen der neue, vor wenigen Jahren gebaute Bahnhof fehlte. Stattdessen flogen sie auf den Zirkus Hagenbeck zu, der auf dem Gelände des alten Bahnhofs ein Zelt aufgebaut hatte.

Der damals in Karlsruhe stationierte Schriftsteller Ernst von Salomon erzählt: »Im Zirkus stieg das Lachen zum Kreischen

Opfer eines Luftangriffs in der Erbprinzenstraße

und Schreien, dreimal purzelte der dumme August vom Stuhl, auf dem er hinter dem Rücken des Stallmeisters seine Faxen machte. Und jedes Mal, wenn er auf seinen Popo krachte, bumste die Pauke der Musikkapelle mit prächtigem Schlag, einem prachtvollen Schlag, der für eine herrliche Schrecksekunde den Atem wegnahm. Da purzelte er wieder, und welch ein Schlag, und welch ein Lachen setzte an, alle Muskeln spannten sich schon zum Lachen, aber da kam der zweite Schlag, und es war nicht der der Pauke, es war ein Schlag mit Blitz und Gepolter und einem Dröhnen, und nun haute es vom Himmel her hinein, ja, es fetzte die Leinwand des Zeltes mit einem Zischen, weit klaffte sie, und eine Faust fuhr von oben herunter, pfiff und barst. Der Clown lag im Sande, und der Sand war rot.« Es gab 120 Tote, darunter 71 Kinder. Der Oberbürgermeister sprach von einem »rachsüchtigen und hasserfüllten Nachbarvolk« und erinnerte an General Mélac, »dessen Mordbrennerei die Schlösser und Städte Heidelberg und Durlach« zum Opfer fielen. Davon, dass die deutschen Truppen Frankreich überfallen hatten, sprach er nicht.

Politik

Fast alle waren für den Krieg. Auch die Karlsruher SPD »tat ihre Pflicht«, wie man sagte, bis zuletzt. Nur drei von ihnen, Jakob Trabinger, Bernhard Kruse und Georg Dietrich, waren für einen sofortigen Frieden. Sie wurden verhaftet, als sie 1915 ein pazifistisches Flugblatt verteilten. Gerüchteweise wurden sie sogar von der SPD-Führung denunziert. Auch die anderen Parteien wollten nur einen Frieden schließen, »der vor dem Urteil unserer Enkel in Ehren bestehen kann«, also mit einem Sieg verknüpft ist.

Revolution

Die Stimmung der Badener änderte sich, als sie erfuhren, dass die deutsche Regierung 1918 den US-Präsidenten um Vermittlung bei Waffenstillstandsverhandlungen gebeten hatte. Selbst die Heeresleitung glaubte nicht mehr an einen Sieg. Ende Oktober verließ der Kaiser Berlin, am 4.11. meuterte die Hochseeflotte in Kiel, Arbeiter- und Soldatenräte übernahmen die Macht.

Vorsitzender des Karlsruher Arbeiter- und Soldatenrats, in dem keine Arbeiter, sondern vor allem Soldaten saßen, war der Mannheimer Richard Horter. »Dank gebührt den Soldaten, welche durch ihr beherztes Auftreten die dem Volk auferlegten Fesseln sprengten«, sagte der SPD-Linke in der ersten Vollversammlung: »Jetzt gilt es, das Errungene festzuhalten.«

Oberbürgermeister Karl Siegrist rief die Vorsitzenden der Parteien (außer der linken USPD) zu sich, um einen »Wohl-

Kundgebung auf dem Marktplatz im November 1918

fahrtsausschuss« zu gründen, »behufs Aufrechterhaltung von Ordnung und Sicherheit in der Stadt«. Aus diesem Ausschuss ging die »Vorläufige Badische Volksregierung« hervor. Der Stadtrat übernahm »im Einvernehmen mit dem Arbeiter- und Soldatenrat« die Verwaltung. Der Arbeiter- und Soldatenrat versprach, »sich unmittelbarer Eingriffe in die Tätigkeit der städtischen Stellen und Betriebe« zu enthalten.

»Gröschder Lump von Bade«

Trotz aller Wirren blieb der Großherzog ganz ruhig im Schloss. Er glaubte, sicher zu sein, »angesichts des Vertrauensverhältnisses, das in Baden Fürst und Volk in guten wie in schlechten Zeiten viele Jahrzehnte verbunden hat«. Aber die »Ehe« war beendet: Am 11. November 1918 schlug der Matrose Heinrich Klumpp, von wenigen Soldaten begleitet, an das Portal des Schlosses. »Friedrich, gröschder Lump von Bade, kumm' runner!« soll er gerufen haben. Kammerherr Röder von Diersburg trat ihm entgegen: »Der Großherzog ist nicht zu sprechen.« Die Matrosen schossen auf das Schloss und trafen Fensterscheiben und ein Bild des preußischen Königs Friedrich. Das Einschussloch ist noch heute zu sehen. Der Großherzog floh. Mit seiner Frau Luise und den Töchtern Hilda und Viktoria stieg er durch ein Fenster an der Rückseite des Schlosses und in ein Auto im Fasanengarten. In der Eile vergaßen sie im Gebüsch unter dem Fenster den Koffer mit den Kronjuwelen. Einen Tag später fand ein Hofbeamter den Koffer und gab ihn ab.

Am 22. November dankte der Großherzog ab. Baden war Republik. Am gleichen Tag wurde in Compiègne der Waffenstillstand geschlossen, am 28. Juni 1919 sprach der Versailler Vertrag Deutschland die Kriegsschuld zu.

Zwischen den Kriegen

Der Erste Weltkrieg brachte einschneidende Folgen mit sich: Reparationszahlungen, der Wegfall von Elsass und Lothringen als Absatzgebiet, der Mangel an männlichen Arbeitskräften, Tote und Verkrüppelte - der Aufbau dauerte lange. 1923 verursachte die Inflation eine große Krise, 1929 erreichte die Weltwirtschaftskrise auch Deutschland. Gleichzeitig aber kam es zu einer beispiellosen Entwicklung in Wissenschaft und Kultur. Die zwanziger Jahre werden oft die »Goldenen« genannt. Golden waren sie aber nicht für alle. Die Weimarer Zeit begann und endete mit Not.

Hunger und Demonstrationen

Die Versorgungslage war über Jahre katastrophal, auch in Karlsruhe. Lebensmittel, gar Fleisch, blieben knapp und teuer. Quäker organisierten »Speisungen« für Kinder, eine »Schweizer Suppenküche« verteilte im Hildahaus in der Scheffelstraße Essen. Vor allem die Armen und die Kinder litten sehr: »Kinder ohne Hemden, mit zerrissenen Schuhen, mit schmutzigen und zerlumpten Kleidern wurden wieder häufiger angetroffen«, berichtete der Schularzt Hermann Paull und fühlte sich an schlimmste Kriegszeiten erinnert.

Wegen überhöhter Preise kam es immer wieder zu Demonstrationen. Manche arteten in Plünderungen aus, vor allem in den Kaufhäusern Tietz und Knopf in der Kaiserstraße: »Es wurden schon hie und da Hetzreden gegen die Juden laut«, schrieb eine Zeitung. Beobachtet wurden »verschiedene mit dem Hakenkreuz geschmückte Jünglinge«. 1920 organisierten die Gewerkschaften eine Protestkundgebung, nach der es zu schweren Ausschreitungen kam, eine Frau starb. Im März 1921 wurden zwei Männer erschossen, als Demonstranten die kasernierte Polizei mit Handgranaten angriffen. 1923 plünderten Demonstranten Bäckerläden und Metzgereien.

Die Arbeitslosigkeit stieg in ungeahnte Höhen: 1925 lag sie bei 13 %. Betriebe mussten ganz oder vorübergehend schließen, wie Haid & Neu. 1929 gingen viele Firmen bankrott wie die Maschinenbaugesellschaft oder die Seifenfabrik Wolff. Nur einmal gelang es, eine Firma nach Karlsruhe zu holen, Michelin. Der französische Betrieb kaufte auf dem Oberfeld ein Gelände von der Stadt und versprach, seine Angestellten vor allem aus Karlsruhe zu holen, aus dem Kreis der Sozialhilfeempfänger.

Im November 1930 wurde die »Karlsruher Notgemeinschaft« gegründet. Ihr Ziel, dass »in Karlsruhe keiner hungern, keiner

Inflation

1923 begann eine Inflation von nie gekanntem Ausmaß: Im Januar kostete in Karlsruhe ein Brot 235 Mark, im Oktober 110 Millionen, ein Ei 85 Mark, dann 120 Millionen, das Abo der »Karlsruher Zeitung« 140 Milliarden Mark pro Woche. Der »Badische Beobachter« akzeptierte sogar Naturalien: Für ein Monatsabonnement »10 Pfund Weißmehl oder 14 Pfund Weizen, 1 Zentner Kartoffeln oder 1½ Pfund Butter, 25 Pfund Äpfel oder 15 Eier.« Mit Säcken voll Geld gingen die Leute einkaufen. Im November 1923 beendete die Einführung der Rentenmark die Inflation, aber alle Sparguthaben waren wertlos geworden.

frieren muß«, erreichte sie zwar nicht, konnte aber vielen Bedürftigen das Leben erleichtern. Vom Allgemeinen Deutschen Beamtenbund bis zum Zentralverband der Arbeitsinvaliden und Witwen, vom Chefredakteur Amend bis zum Fabrikanten Wolff waren alle dabei.

Erst Anfang der 30er Jahre war die Markthalle so, wie sie der Pädagoge Kurt Witzenbacher in seinen Erinnerungen beschreibt: »Dort umschmeichelten uns Düfte und Gerüche. Es gab unzählige Obst- und Gemüsestände, eine kleine Fischhalle und eine Geflügelhalle mit Gänsen, Hühnern und Tauben. Alles gab es da zu kaufen. Manchmal hatten wir vor lauter Schauen und Staunen, Umherschlendern und Hinhören auf die Rufe der Marktfrauen vergessen, was wir mitbringen sollten. Sogar Salatgurken konnte man da kaufen. Sie lagerten in großen Fässern.«

Wohnungsnot und Siedlungsbau

Viel zu wenige Wohnungen gab es, zumal viele Familien jetzt auch Flüchtlinge aufnehmen mussten. Damit waren viele nicht einverstanden wie der »Landesverband zur Bekämpfung der Tuberkulose«. Als Folgen der Zwangseinquartierung sah er eine »weitere Zunahme der Tuberkulose und der Geschlechtskrankheiten, ein weiterer Niedergang der sittlichen Qualitäten unseres Volkes«, weil immer wieder »zweifelhafte Personen« in »gesunde« Familien gerieten.

Man wollte auf jeden Fall »der Erhaltung und Vertiefung des Charakters der Stadt als Garten- und Grünstadt einige Aufmerksamkeit« widmen. Zur Naherholung plante die Stadt Wald- und Wiesengürtel, Gartenanlagen, Sportflächen und Wasserbassins bis in die City hinein, zwischen Weiherfeld und Dammerstock sollte eine »großartige Albuferanlage« entstehen. So entdeckte man das Flüsschen als schützenswerte Grünanlage: »Spätere Generationen werden danken, wenn hier weitblickend großzügig verfahren wird«, schrieb der Architekt A. Neumeister schon 1904.

Das Interesse an den Planungen war groß: Die Bürger diskutierten lebhaft über »die Bebauung des Ettlingertorplatzes, Verlegung des Marktes bzw. Umbau des Marktplatzes und des Gleisdreiecks an der Hauptpost«. 1924 wurde der Indianerbrunnen auf das »Closethaus« von 1890 gebaut. Bei der Einweihung verstummte die vorherige Kritik schlagartig, begeistert wurden die Indianerköpfe begrüßt. Wie Friedrich Beichel auf die Idee kam, weiß man nicht mehr: Ob er durch die rußigen Gesichter der Bahnhofsarbeiter inspiriert wurde oder weil 1896 Mitglieder der Wildwestshow von Buffalo Bill in der Nähe überwintert hatten. Den Spitznamen »Südstadtindianer« gibt es jedenfalls schon länger. Für den einen der beiden Köpfe hatte Beichel selbst Modell gesessen, für den anderen ein richtiger Indianer vom Zirkus Krone.

Schon im Juni 1915 war das Rheinhafenbad eröffnet worden, eine hochmoderne Anlage, in der ein Schwimmbecken mit dem Kühlwasser des E-Werks auf 20 Grad geheizt wurde. Gebaut wurde auch das Rheinstrandbad Rappenwört auf einer Insel am Rhein. Im Juli 1929 wurde das Bad als Volkspark eingeweiht, als Naherholung für »Familien des verarmten Mittelstands, der Arbeiter und kleinen Beamten, die das Geld zu einer noch so bescheidenen Sommererholung« nicht hatten. Ein Strandhotel, ein Café, eine Milchbar, Sportplätze und eine Vogelwarte im Bauhausstil, ein lang gestreckter Strand und Schwimmbecken direkt am Rhein und im Wald sorgten für Entspannung. Denn: »Das Bedürfnis der Bevölkerung nach Badegelegenheit in freier Natur nimmt ständig zu«, hieß es. Vor allem das »wilde Baden« missfiel der Stadt: »Ordnung an die Stelle von Unordnung zu setzen, gegen das Unvollkommene das Vollkommene einzutauschen, das ist das große Ziel von Rappenwört.« Auf der Ringtennisanlage wurden 1931 die ersten deutschen Meisterschaften ausgetragen, der Oberbürgermeister hatte den Sport auf einer Schiffsreise nach Amerika kennen gelernt. Der Rhein war damals noch so sauber, dass man sein Wasser durch zwei Engpässe in das halbmondförmige Becken leiten konnte.

Dammerstock

Berühmt ist bis heute die Dammerstocksiedlung. 1929 waren die ersten Wohnungen nach Entwürfen von Otto Haesler und Walter Gropius fertig. Ihnen ging es beim »Neuen Bauen« nicht mehr um den äußeren Schein, Prunk und Fassade, sondern um Funktionalität.

Selbst der Katalog, in dem die Siedlung vorgestellt wurde, fiel auf. Alles war, »auf wunsch von professor dr. w. gropius,

Neues Bauen

Die Werbung für die Siedlung übernahm der Dada-Künstler Kurt Schwitters. Seine Einladungskarte für die Eröffnungsausstellung ist fast ein Gedicht: »sie werden es sicher schon bemerkt haben, wenn sie im d-zug sitzen und der kommt so richtig in fahrt, so ruft der immerzu: **dammerstock**, **dammerstock**, **dammerstock**, **dammerstock**. Er hat es mit seinem einfachen d-zug-verstand begriffen, daß heute der **dammerstock die** siedlung ist, die sie unbedingt gesehen haben müssen. **Dammerstock, dammerstock, dammerstock, dammerstock**, so rollt ein d-zug nach dem anderen in karlsruhe an.«

berlin, dem künstlerischen oberleiter der dammerstock-siedlung, in kleinen buchstaben gesetzt«. Das Ziel der Siedlung war »die schaffung von gesunden praktischen gebrauchswohnungen, die dem sozialen standard der durchschnittsfamilie von heute entsprechen und trotz solider technischer durchführung und anmutiger gestaltung für das durchschnittseinkommen erschwinglich sind.« Äußeres und Inneres der Häuser wurden im Hinblick auf eine »rationalisierung im umfassenden sinne« geplant, die Küche so aufgeteilt, dass die Hausfrau nur noch einen Bruchteil der früheren Wege zurücklegen musste. Erstmals konnte man Einbauküchen bestaunen, die so genannte »Frankfurter Küche«, mit einem ausklappbaren Bügelbrett, Schiebetüren und einer Kochkiste.

Haeslers Credo hieß: »kein raum ohne sonne!« Er legte die Schlafräume nach Osten, die Wohnräume nach Westen und gestaltete die Fenster uneinheitlich, so dass keine eintönig glatte Fassade entstand.

Der Volksmund taufte die Siedlung »Jammerstock«, ein Kri-

Neue Siedlung: Dammerstock 1931

tiker sah eine »genaue Wohndiät«, ein Architekt »Orientkasernen, die wie abgebrannte Häuser aussehen«, und die Nationalsozialisten wollten sie am liebsten abreißen.

Verkehr

Ab 1926 fuhr die Straßenbahn schon bis Knielingen, Beiertheim und Daxlanden. Nach Durlach pendelte allerdings immer noch eine Dampfbahn. Auch Güter wurden in der Straßenbahn transportiert: Milch vom Bahnhof zur Milchzentrale in der Zähringerstraße, Obst und Gemüse von Durlach auf den Markt in Karlsruhe und Briefe und Pakete vom Bahnhof zur Hauptpost.

Die Eisenbahn erreichte langsam wieder ihren alten Stand. Ab 1924 fuhr sogar der Orientexpress durch Karlsruhe: Paris - Karlsruhe - Wien - Bukarest!

Vor allem der Autoverkehr nahm rasant zu. Die erste Tankstelle öffnete 1924, in vier Jahren kamen 22 weitere dazu. Der kleine Bau mit seinem Flachdach hinter der Hauptpost (Karl-Apotheke) ist ein schönes Beispiel für die damalige Bauart. 1925 plante die Stadt Umgehungsstraßen und ab 1926 mit anderen Ländern eine Autobahn von Hamburg über Frankfurt nach Basel, HAFRABA war der Name dafür. Die Karlsruher versuchten erfolglos, den Namen ihrer Stadt noch einzubauen und sie HAFRAKABA taufen zu lassen. Die Weltwirtschaftskrise verhinderte die Verwirklichung. Erst ab 1933 wurden die Autobahnen gebaut, da »der Herr Reichskanzler Adolf Hitler sich für die Ausführung unseres Vorhabens sehr interessiert und im Verlauf eines zweimaligen Empfangs in mehrstündiger Unterredung unser gesamtes Material, Modelle usw. angesehen hat.« 1937 war die Autobahn bei Karlsruhe, eine Abzweigung führte nach Pforzheim.

1924 entstand sogar ein Flughafen, auf dem alten Exerzierplatz: Ab 1928 konnten die Karlsruher direkt nach Köln und München fliegen, nach Frankfurt und Konstanz, 1932 schon in 39 deutsche und europäische Städte.

Vereine

Vereine sorgten für Entspannung und Ausgleich. 1919 schlossen sich die Arbeitersportvereine zum »Arbeitersportkartell« (um 1930 waren es 45 Vereine) und viele bürgerliche Vereine zum »Stadtausschuss für Leibesübungen und Jugendpflege« zusammen (um 1930 etwa 60 Vereine). Darunter waren auch zwei größere jüdische Sportvereine, der Turnclub TCK 03 und der Sportclub Hakoah.

Immer wieder kamen berühmte Sportler aus Karlsruhe. Wie Lina Radke, die 1928 bei den Olympischen Spielen in Amsterdam mit einem neuen Weltrekord über 800 Meter die Goldmedaille holte, die erste in Leichtathletik, die Deutschland jemals gewann. Schon ein Jahr zuvor lief sie im Trikot des Karlsruher Fußballvereins einen Weltrekord. Allerdings waren die Frauen, die sich 1928 zum ersten Mal in der Leichtathletik messen konnten, so erschöpft, dass man die Distanz für sie sofort wieder strich. Medizinische Gutachten »bewiesen«, dass Frauen keine Strecken über 100 Meter laufen können. Ihnen blieben die »ästhetischen« Disziplinen wie Eiskunstlauf oder Tennis.

Politik

Die Zeitumstände - verlorener Krieg, Massenarbeitslosigkeit, Inflation, Weltwirtschaftskrise - begünstigten vor allem die radikalen Parteien, die auch vor Gewalt nicht zurückschreckten. Die demokratischen Parteien, die sich zeitweise mit den Rechten verbündeten, waren hilflos.

Die harten Lebensumstände äußerten sich in gewalttätigen Auseinandersetzungen und Demonstrationen. Oft kam es zu Ausschreitungen. 1922 wurden alle noch hängenden Hoflieferantenschilder und die Wappen studentischer Verbindungen abgerissen. Im »Durlacher Bildersturm« holten Bürger die Fürstenbilder aus dem Rathaus und zertrümmerten sie. 1929 begann nach einer Rede des Kommunisten Max Hölz in der Festhalle eine Schlägerei zwischen Kommunisten und Nationalsozialisten. SA-Führer Moraller prahlte: Wäre die Polizei drei Minuten später gekommen, »wäre kein Kommunist ganz aus der Festhalle gekommen.« 1931 prügelten sich Zentrum- und NSDAP-Abgeordnete im Landtag, im Stadtrat kam es zu einer Schlägerei zwischen Nationalsozialisten und Kommunisten. Eine Zeitung schrieb von der »Kleinholz-A.G.«, da das gesamte Mobiliar zu Bruch ging. 1931 wurde während einer

Wahlen

Bei den ersten Wahlen zur badischen Nationalversammlung erhielt die SPD die meisten Stimmen. Im Stadtrat saßen anfangs 6 Mitglieder der SPD, je einer der USPD und der KPD, 6 vom Zentrum, 7 der DDP (liberale Deutsche Demokratische Partei) und einer der DNVP (konservative Deutschnationale Volkspartei), nur drei von ihnen waren Frauen. Stärkste Partei blieb lange die SPD. Gegen Ende der Weimarer Zeit wählten die Karlsruher verstärkt die NSDAP. 1930 wurde sie bei den Reichstagswahlen stärkste Partei in der Stadt. Im Juli 1932 bekam sie 40 % (die KPD 10 %), im November 38 % (KPD 13 %). »Not ist noch immer ein Nährboden für den Radikalismus gewesen«, schrieb der sozialdemokratische »Volksbote«.

NSDAP-Demonstration ein SA-Mann von Gegendemonstranten getötet. Von der Justiz wurden die Linken hart bestraft, die Rechten eher geschont. In der Bevölkerung schwankte man zwischen Empörung über die schlimmen Zustände und dem Wunsch nach Ruhe und Ordnung.

Kunst

1920 vereinigten sich die Akademie der Bildenden Künste und die Kunstgewerbeschule zur Landeskunstschule, Direktor wurde der Architekt Hermann Billing. Neue Lehrer wie Wilhelm Schnarrenberger, Georg Scholz und Karl Hubbuch engagierten sich für moderne Kunst: Kubismus, Expressionismus, Futurismus, vor allem aber für die Neue Sachlichkeit. Abseits der öffentlichen Institutionen gründeten Künstler eigene Vereinigungen.

Leiter der Kunsthalle wurde Willy F. Storck, der, anders als sein Vorgänger Thoma, aus der badischen Malerei »nur wirklich ganz erstklassige Stücke« kaufte und von der »berüchtigten Einrichtung der ›Besoldungsbilder‹« sprach. Viele schlechte Bilder stieß er ab und kaufte dafür Qualitätvolles, auch expressionistische Kunst. Seine Nachfolgerin Lilli Fischel führte diese Linie weiter und kaufte Impressionisten wie Liebermann, Corinth und Slevogt ein.

Theater und Kino

Im Staatstheater spielte man neben den Klassikern viele moderne Opern, die heute in keinem Lexikon zu finden sind, einige vom eigenen Kapellmeister Alfred Lorentz geschrieben. Badische Komponisten wurden aufgeführt, Pfitzner (der 1924 seine Oper »Palestrina« selbst dirigierte) und Strauß (der in der

Rih

Die »Gruppe Rih«, nach der das heute noch beliebte Café in der Waldstraße benannt ist, geht auf Karl May zurück. Carl Zuckmayer schrieb über die Künstlergruppe: »Doch hätte sich der keusche May nicht träumen lassen, welch erotomane Bedeutung seinem braven ehrbaren Schammar-Hengst dort beigelegt wurde. Wenn man um diese Zeit die biedere Stadt Karlsruhe betrat, gleich ob vom Bahnhof her oder aus irgendeiner ländlichen Umgebung, fand man überall, an Häuserwänden und Mauern, ein mit farbiger Kreide gezeichnetes – allerdings kubistisch verschlüsseltes – phallisches Symbol, in seinen Grundformen unmissverständlich, darunter einen Pfeil mit der in kindlichen Schriftzügen angebrachten Weisung: Zur Gruppe Rih!« Mitglieder waren u.a. Georg Scholz, Rudolf Schlichter, nach Zuckmayer ein Schuhfetischist mit einer »Sammlung übermäßig spitzer, einzelner Damenschuhe«, und Wladimir Zabotin. Dessen »generöse Gastlichkeit« (viel Wodka und ein Diwan zum Übernachten) lobte der Dichter, seine Haarpracht bewunderte er: »Am ganzen Kopf kurzgeschoren, hatte er sich eine einzige Haarsträhne so lang wachsen lassen, dass sie ihm wie ein Wedel auf die Schulter herabhing, und da er sie auch zum Pinselauswischen benutzte, schillerte sie in den Farben exotischer Tropenvögel.« Bereits im Gründungsjahr stellte die Gruppe Rih in der renommierten Galerie Moos aus, deren Wahlspruch war: »Ohne Moos nichts los.« Einige Kunstverein-Vorstandsmitglieder bezeichneten ihre Werke als »an Irrsinn grenzend«.

Richard-Strauss-Woche 1924 selbst »Ariadne« und »Salome« leitete), es gab sogar eine Uraufführung von Siegfried Wagner. Immerhin war das Theater so beliebt, dass, so Amadeus Siebenpunkt, »Oberbürgermeister Julius Finter eine Sitzung im Gemeindeparlament mit den Worten abbrach: »Schluss, meine Herren, um halb acht beginnt der ›Rosenkavalier‹!«

1926 wurde Hans Waag aus Baden-Baden neuer Intendant, Generalmusikdirektor der erst 26-jährige Joseph Krips, der zunächst heftig angefeindet wurde, weil er zu jung war. Im Schauspiel beherrschten die Klassiker das Programm, meist in klassischer Manier vorgetragen. Es muss ziemlich langweilig gewesen sein. Selten wurden neue Stücke gespielt, eine Versuchsreihe »Zeittheater« rief 1929 derart heftige Proteste hervor, dass sie nicht weitergeführt wurde: »Entsetzlich ist die Summe von Gemeinheiten, die in dem Stück selbst nicht unzutreffend mit dem Wort ›Saustall‹ gekennzeichnet wird«, schrieb die evangelische Kirche. Es gab nur wenige Uraufführungen. Waag zitierte gegen seine Kritiker oft Goethe: »Wer vieles bringt, wird manchem etwas bringen.« Also vor allem viel Unterhaltung, das wollten die Leute.

Das Kino wurde in der Weimarer Zeit zur Massenunterhaltung. Auch die Karlsruher strömten in die neun Lichtspielhäuser der Stadt. Fritz Langs »Nibelungen«-Monumentalfilm lief mit sehr großem Erfolg; der Besuch war für Schulklassen vorgeschrieben. Der erste vollsynchronisierte Tonfilm, »The Singing Fool« mit Al Jolson, lief 1930 in der Schauburg. Der erste deutsche Tonfilm ein Jahr später im Residenz: »Douaumont«, ein Film, »der zeigt, wie der Krieg war – wie Deutsche und Franzosen mit gleicher Tapferkeit, Aufopferung und Pflichterfüllung kämpften.«

Literatur und Musik

G. Braun verlegte vor allem Schulbücher, das »Bendersche Lesebuch« wurde noch bis in die 70er Jahre benutzt. In der populärwissenschaftlichen Reihe »Wissen und Wirken« kamen Karl Otts Standardwerk zur Höheren Schule und für Frauen die Fitness-Bibel »Bleibe jung. Tägliche Körperübungen der

Frau« heraus. Auch die Soziologie als neue wissenschaftliche Disziplin schlug sich im Programm nieder. Bei C. F. Müller erschienen neben Werken von Dante, Schiller, Keller und Hauff vor allem sozialpolitische, landesgeschichtliche und kunstwissenschaftliche Bücher, eine Reihe über die badischen Schlösser und Oefterings berühmte »Geschichte der badischen Literatur«. Badenia publizierte politische, katholisch geprägte Bücher. Der Gutsch-Verlag erlangte große Popularität durch seinen Mundartdichter Fritz Römhildt: Der Furnier-Fabrikant nannte sich Romeo und schrieb humoristische Verse über das Volksleben. Der Verlag J. Boltze gab pädagogische und völkische Literatur heraus und versorgte später das »Dritte Reich« mit Schulbüchern. Ohne größere Bedeutung blieben die Verlage Hugo Kuntz, J. J. Reiff und viele andere.

1929 wurde aus dem Badischen Konservatorium die Hochschule für Musik. Sie war im Palais Bürklin an der Kriegsstraße untergebracht. Ein Privatinstitut hatte fast ebenso gro-

Alfred Mombert

Einer der berühmtesten Dichter jener Zeit war Alfred Mombert. Er wurde 1872 als Sohn einer jüdischen Kaufmannsfamilie in Karlsruhe geboren, studierte Jura und arbeitete als Rechtsanwalt in Heidelberg. Mombert schrieb expressionistisch glühende, kosmisch-mythische Dichtungen: »Ich bin die Musik der Welt«, meinte er, und: »Ich habe gelebt in vielen Welten«. 1928 wurde er Mitglied der Preußischen Akademie der Künste, 1940 nach Gurs deportiert. Dort entstand der zweite Teil seines Mythos »Sfaira der Alte«. 1941 befreiten ihn Schweizer Freunde, in Winterthur starb Mombert ein Jahr später im Haus seines Mäzens Reinhart.

Hans Erich Apostel

Hans Erich Apostel wurde 1901 in der Amalienstraße 49 geboren, studierte mit 15 Jahren bereits bei Munz und ging 1921 nach Wien: Dort wurde er zuerst Schüler des Zwölftonkomponisten Arnold Schönberg, später von Alban Berg. Da er als »entarteter Musiker« Auftrittsverbot hatte, schlug er sich ab 1938 als Kaffeehausmusiker durch. Er war befreundet mit Alfred Kubin und Emil Nolde, komponierte Lieder nach George und Rilke und galt als »begabtester Lyriker des Schönberg-Kreises«. Populär war er nie. Damit fand er sich ab: »Die raren Aufführungen meiner Arbeiten mögen in deren Erfassungsschwierigkeiten begründet sein. Es sind dies Fragen der Zeit, mit deren Tiefe oder Oberflächlichkeit man sich abfinden muss.« 1972 starb er, hoch geehrt. Die Tageszeitung seiner Geburtsstadt rang sich zu sieben Zeilen Nachruf durch.

ßen Erfolg: das Konservatorium von Theodor Munz. Munz wurde 1868 in Seelbach als Sohn eines Schuhmachers geboren, wurde Klavierlehrer, spielte die Orgel und leitete den Chor in der Synagoge, die Mühlburger Männergesangvereine und den Karlsruher Instrumentalverein. 1899 gründete er in der Amalienstraße 65 ein »Pädagogium für Musik« und zog danach in die Waldstraße 79 um. Da hieß es schon selbstbewusst »Munzsches Konservatorium«; er war ein guter Lehrer. Von seinen vielen Schülern wurde der Komponist Hans Erich Apostel am bekanntesten. Wichtig war ihm, dass er »Generationen von jungen Menschen zu künstlerisch empfindsamen Menschen, zu Musikfreunden und nicht zuletzt zu ausübenden oder schaffenden Tonkünstlern praktisch ausgebildet« hat. 1932 weihte er einen neuen Konzertsaal in der Waldstraße ein, 1947 starb er. Sein Sohn Theodor führte das Konservatorium bis 1975 weiter.

Nationalsozialismus

Der Nationalsozialismus war für Deutschland und Baden eine noch größere Katastrophe als der Erste Weltkrieg. Beides wurde von vielen zunächst bejubelt. Als Hitler Reichskanzler wurde, zog man auch in der Residenz mit Fackeln durch die Stadt.

Nicht alle feierten. Einige merkten schnell, oft am eigenen Leib, was die Machtübergabe bedeutete: Die Zeit der Demokratie war vorbei. Langsam zogen die neuen Machthaber die Schrauben an, der Spielraum wurde enger. Freie Meinungs-

Kundgebung der Nationalsozialisten vor dem Rathaus

äußerung wurde verboten, alle bespitzelten alle, alle hatten Angst. Politische Gegner wurden verhaftet, manche kamen ins KZ. Aber viele hatten sich schnell arrangiert oder profitierten sogar von den neuen Verhältnissen, ebenso wie von der Ausgrenzung und Deportation der Juden.

Am 5. März 1933 hisste die SA in der Stadt ihre Flaggen, auch auf dem Rathaus. Am 9. März übernahm Robert Wagner als »Reichskommissar für Baden« die Geschäfte der badischen Regierung, die zwei Tage später zurücktrat. Als der Freiburger SPD-Landtagsabgeordnete Daniel Nussbaum am 17. März zwei Polizisten erschoss, verhaftete die NSDAP überall politische Gegner und Abgeordnete, in Karlsruhe etwa 100: »Eine ganze Reihe von Personen, die sich in besonderem Maße den Unwillen der Bevölkerung zugezogen hatten, musste in Schutzhaft genommen werden«, hieß es verharmlosend. Manche kamen ins KZ Kislau, 25 Kilometer nördlich von Karlsruhe.

Am 2. Mai wurden überall, auch in Karlsruhe, die Gewerkschaften verboten und ihre Funktionäre verhaftet. An ihre Stelle trat die Deutsche Arbeitsfront (DAF), die die Arbeiter als Gefolgschaft ansah. Den vielen Appellen konnte sich kaum einer entziehen: »Antreten der Gefolgschaft und Meldung an den Betriebsführer durch den Betriebswalter (möglichst im Halbkreis oder offenen Viereck)«, hieß es im Kommandoton. Das weitere Programm sah vor: Flaggenhissung (»Der Betriebsleiter kommandiert: Achtung, Augen rechts, heißt Flagge und dann die Augen geradeaus und rühren«), Tagesspruch, Ansprache durch den »Betriebswalter«, Weihespruch, »Sieg Heil auf den Führer« und als Abschluss das »Deutschland- und Horst Wessel-Lied«.

Der badische Landtag stimmte seiner Selbstauflösung am 9. Juni zu, auch das katholische Zentrum und die DNVP stimmten dafür; dagegen waren nur die fünf Sozialdemokraten, die noch auf freiem Fuß waren. Freie Wahlen gab es

»Freiheit auf Wiedersehen!«

Am 17. Mai 1933 wurden führende Sozialdemokraten, u.a. der »Volksfreund«-Redakteur Sally Grünebaum, Ex-Minister Adam Remmele und der Rechtsanwalt Ludwig Marum, in einem offenen Wagen durch die Stadt gefahren: »Von dem riesigen Andrang kann man sich etwa einen Begriff machen, wenn man erfährt, dass der gesamte Straßenbahn- und Autoverkehr lahmgelegt war«, hieß es in der Zeitung. Wer protestierte, wurde verhaftet, wie Ernst Marx, Rechtsanwalt in Marums Kanzlei. Er soll gerufen haben: »Freiheit auf Wiedersehen!« Marums Tochter erzählte: »Die Mädchen im Bureau schrien, vom Fenster sah ich, wie Marx, als ob er ein Mehlsack wäre, auf den folgenden Lastwagen geworfen wurde, und der Umzug ging weiter.« Die meisten wurden nach Monaten wieder freigelassen. Ludwig Marum nicht. Zwar schrieb er noch an seine Frau: »Meine Freiheit können sie mir nehmen, aber nicht meine Würde und meinen Stolz.« Am 29. März 1934 wurde er im KZ Kislau erwürgt und dann aufgehängt: Es sollte nach Selbstmord aussehen. Gestapo-Chef Berckmüller meinte: »Mit Marum schied der berüchtigtste und gefährlichste badische Jude aus dem Leben.«

danach nicht mehr. Am 8. Mai wurden alle Bürgermeister in Pension geschickt. Ihre Nachfolger verliehen Reichsstatthalter Wagner und Adolf Hitler die Ehrenbürgerwürde, der Marktplatz hieß jetzt Adolf-Hitler-Platz.

Die »Volksgemeinschaft« wuchs zusammen, durch eine Mischung aus Zwang, Propaganda und Begeisterung. Gemeinsam hörten die »Volksgenossen« Reden, feierten den 1. Mai, der zuvor »lediglich ein erzwungener Festtag des Klassenkampfes« war, als »nationalen Feiertag des deutschen Volkes«. Der Muttertag wurde begangen, die Sommersonnenwende gefeiert, Wehrsportfeste wechselten sich ab mit Reiterfesten, NS-Großflugtage mit Turn- und Sporttagen: »Niemand steht abseits«, hieß es halb drohend. An manchen Tagen war Beflaggung der Häuser Pflicht. Abzeichen und Flaggen gab der Blockwart aus und kontrollierte, wer die Bestellung »vergaß«.

Eine der wichtigsten Frauen-Propagandistinnen des Reichs kam aus Karlsruhe: Gertrud Scholz-Klink. Sie sagte: »Der neue Weg der Frau wird nicht zum politischen Wahlrecht gehen, sondern zu Volk und Familie.« Sie war Gauleiterin des »Deutschen Frauenordens«, ab 1931 der NS-Frauenschaft in Baden: »Die deutsche Seele zu wecken, zu pflegen, zu gestalten, die Jugend aus dem Sumpf der materialistischen Lebenswertung auf die Höhe des Idealismus hinaufzuführen, die dem deutschen Menschen allein wesenseigen ist, das ist die unermessliche Aufgabe, an der mitzuarbeiten die deutsche Frau berufen ist.« 1934 machte Scholz-Klink in Berlin Karriere.

Volkswagen

Die »Kraft durch Freude«-Organisation war beliebt, weil sie den »Volksgenossen« billigen Urlaub verschaffte. Am 27. Mai 1935 fuhren die ersten 500 Karlsruher nach Oberbayern. Vor allem Funktionäre konnten auch mit einem Dampfer Richtung Norwegen in See stechen. Am 1. November 1938 stand der erste KDF-Wagen, der spätere Volkswagen, auf dem Marktplatz: »KdF.-Wagen – pfundig!« hieß es in der Zeitung, und: »Eine Rundfahrt mit möglichst vielen Schikanen.« Wobei Schikanen positiv gemeint war.

Frauen, die dem Ideal entsprachen, erhielten Ehestandsdarlehen, kinderreiche Mütter das Mutterkreuz. Das Gesundheitsamt Karlsruhe wachte in »Beratungsstellen für Erb- und Rassenpflege« darüber, dass die deutsche Familie »erbgesund« war. Wer durch Krankheit oder »soziales Fehlverhalten« auffällig wurde, kam in die »Erbkartei« und konnte zwangssterilisiert werden. Im Städtischen Krankenhaus, im Diakonissenkrankenhaus Rüppurr und in der Landesfrauenklinik wurden die Eingriffe vorgenommen: »Irgendwelche Schwierigkeiten nennenswerter Art haben sich nicht ergeben.« Nur im katholischen St.-Vincentius-Krankenhaus weigerten sich die Schwestern.

Vereine

NS-Organisationen übernahmen die meisten Vereine, andere wurden verboten, zuerst natürlich Arbeitervereine wie der Arbeitersamariterbund oder der Arbeiter-Radiobund. Durch Sport, Feste und Massenkundgebungen sollten die Deutschen zusammengeschweißt werden. Juden wurden ausgeschlossen: Der Fußballstar Julius Hirsch flog im April 1933 ebenso aus dem Verein wie Torschützenkönig Gottfried Fuchs.

Das Winterhilfswerk WHW löste 1933 die Karlsruher Notgemeinschaft ab: »Kein Volksgenosse darf in diesem Winter hungern oder frieren.« Regelmäßiges Eintopfessen wurde Pflicht, das gesparte Geld sollte gespendet werden. Die Zeitung »Der Führer« fand die Essens-Aktion gut: »Sie ist eine der vielen originellen Einfälle, die die nationalsozialistische Propaganda so schlagkräftig macht. Nach anfänglichen Schwierigkeiten hat sich die Eintopfspende, die bekanntlich am ersten Sonntag eines jeden Monats gesammelt wird, mehr und mehr durchgesetzt.« Die Karlsruher Prominenz aß in der Festhalle vor.

Hitler-Jugend

Seit 1934 erfasste die »junge soldatische nationalsozialistische Mannschaft« (Kultusminister Wacker), die HJ, in Karlsruhe schon 4000 Jungen. Kreisleiter Willy Worch befahl: »Nie dem Kampf aus dem Wege gehen und nie schwach werden. Harte, eiserne Naturen erfordert unsere Zeit! Für weiche, zagende Menschen hat die Gegenwart keine Verwendung.«

Natürlich lockten auch Abenteuer und Kameradschaft, Anerkennung und sogar schulische Vergünstigungen: Samstags war für das Jungvolk der HJ unterrichtsfrei. Selbst bei den Zensuren konnte die Mitgliedschaft hilfreich sein, für die, die sich »auf einem sehr exponierten Posten seit Jahr und Tag für die HJ eingesetzt« haben. Der Erfolg blieb nicht aus, an der Goetheschule waren bald über 90 Prozent aller Schüler organisiert.

»Freiwillig« zur HJ

Die Meldung zur HJ war fast freiwillig: »Bei der Werbung der Zehnjährigen bleibt nach wie vor die Freiwilligkeit die tragende Grundlage. Wenn keine Meldung des Jugendlichen erfolgt, werden die Eltern auf die Notwendigkeit aufmerksam gemacht, und nur da, wo die Einsicht fehlt, findet das Gesetz Anwendung.«

Schulen

Die Säuberung an den Schulen erfasste als ersten Rudolf Wilhelm, Direktor der Humboldtschule. Er wurde entlassen, denn: »Der Genannte hat in der Nachkriegszeit Gedichte klassenkämpferischen und antinationalen, insbesondere das

Ansehen der alten Armee und Flotte auf das schwerste schmähenden Inhalts veröffentlicht. Seine weitere Verwendung als Erzieher der Jugend ist unmöglich.« Wilhelm wanderte nach Südamerika aus. Der Direktor der Lessingschule, Hermann Franz, dagegen konnte bleiben. Er war zwar Mitglied der Zentrumspartei, verwies aber auf Hitler, der gesagt hatte, »dass unter jedes ehrliche Wollen und persönlich saubere Streben der Vergangenheit ein Strich gemacht sei und gemacht werden müsse, und dass jeder aufrechte Deutsche als Deutscher betrachtet und behandelt werden solle.«

Der Lehrplan wurde neu gefasst, neue »Schulgebote« aufgestellt: »Zu Beginn des Unterrichts grüßt der Lehrer mit dem deutschen Gruß: ›Heil Hitler!‹ Erwidere denselben stehend und mit erhobener rechter Hand!«, »Halte deine Schulfahne oder deinen Klassenwimpel in Ehren! Grüße Fahnen und Standarten, die von marschierenden Abteilungen getragen werden, mit dem deutschen Gruß!« oder »Hast du einmal etwas Unrechtes getan, so leugne es nicht weg, sondern bekenne dich mutig zu deiner Tat, auch wenn du Strafe zu erwarten hast! Feiglinge kann unser Führer nicht gebrauchen!«

Die Abiturprüfungen 1940/41 am Humboldt-Gymnasium schlugen als Themen auch Praktisches vor: In Erdkunde sollten die wirtschaftlichen und politischen Möglichkeiten untersucht werden, die sich »aus den deutschen Siegen der Jahre 1939 und 1940« ergaben, in Chemie lautete das Thema »Kohle, Kalk und Holz, die Waffen der Chemie im deutschen Entscheidungskampf« und in Mathematik musste die Anfangsgeschwindigkeit eines Geschosses berechnet werden und das »Maximum der Wurfweite«.

Jüdische Schüler wurden beschimpft und diskriminiert: »Die Juden sitzen in den Klassenzimmern für sich in der hinteren linken Ecke«, heißt es in einem Bericht der Goetheschule, in Rassenkunde benutzten die Lehrer sie als Anschauungsmaterial. Schon vor dem Erlass aus Berlin sonderte das Schulamt Karlsruhe sie aus der normalen Schule (ausgenommen Gymnasien) aus, weil »sowohl von Lehrern wie von Schülern störend empfunden wird, wenn in den Klassengemeinschaften nichtarische Kinder aufgenommen sind.« Zunächst sollte in der Adlerstraße ein Gebäude gekauft werden. Die Anwohner wehrten sich, weil »durch den Übergang dieses Grundstücks als Schulhaus in galizisch-jüdische Hände die Straße viel an Ansehen verlieren würde.« In der Lidellschule wurde die Abteilung mit 212 Schülern eröffnet. »Das Thema Nationalsozialismus wurde im Unterricht nicht erwähnt«, erinnert sich eine Schülerin, dafür lernten sie Hebräisch. Nach der Pogromnacht 1938 wurde die Schule geschlossen.

Wirtschaft

Die Lage besserte sich. Wie jede Regierung behauptete auch die NSDAP, dass das auf ihren Einsatz zurückzuführen sei: »Das dumpfe Bild untätiger Resignation, die Unfähigkeit frü-

Rüstungsfirmen boomen

Die »Berlin-Karlsruher Industriewerke« wurde die größte Waffenfabrik in Süddeutschland, Junker & Ruh bekam Ende 1939 von der Marine Großaufträge für Küchen, 1941 für Munition und Öfen von Luftschutzräumen und Baracken. Die Munitionsfabriken Gritzner & Kayser, Genschow in Durlach, die Süddeutschen Arguswerke Koppenberg (Panzer und Autos) und die Mauser-Werke produzierten in Karlsruhe. Haid & Neu stellte optische und feinmechanische Geräte für das Militär her.

herer Regierungen hat einer emsigen Betriebsamkeit durch die Tatkraft neuer Männer weichen müssen.« Die Arbeitslosigkeit ging zurück, Aufrüstung und Großprojekte, der Ausbau des Rheinhafens und die neue Rheinbrücke, der »Westwall« und die Autobahn sorgten für Arbeitsplätze.

Nicht zustande kam eine riesige Thingstätte am Hochschulstadion, in der Weihespiele stattfinden sollten. Nicht nur wegen der Kosten oder weil der Hardtwald nicht angetastet werden sollte, sondern auch wegen der Schnaken im Wald, die »ein Stillsitzen der Zuschauer und eine aufmerksame Anteilnahme an dem Thingspiel vollständig unmöglich« machten.

Kunst und Theater

Auch in der Kunst wurde gesäubert. Hans Adolf Bühler leitete Kunsthalle und Akademie und entließ im Mai 1933 Fischl, Hubbuch, Schnarrenberger und viele andere. »Der NSD-Studentenbund marschierte mit einem seiner Anführer, dem Maler Theo Sand an der Spitze, in SA-Stiefeln mit krachendem Marschschritt in die Klasse und schlug mit Gebrüll die anwesenden Studenten in die Flucht. Besagtem Theo Sand oblag es von diesem Zeitpunkt an, als Studentenschaftsführer die Anwesenheit der Einzelnen zu überprüfen und NS-feindliche Gesinnungen an NS-Kultusminister Pflaumer weiterzumelden.«

Neue Lehrer kamen, der Maler Helmut Goettl beschreibt sie so: »Der süßliche Siegfried Czerny entstammte ebenso einem unzeitgemäßen ›Irgendwo‹ wie Josua Leander Gampp, dessen zu Kalendervignetten erstarrte Schriftbilder, zusammen mit leblosen Holzschnitten, durch Abgestandenheit auffielen.« Weiter waren »der martialische Wilhelm Sauter und der illustrative Hermann Kupferschmid« an der Akademie, der »altmodische August Gebhardt wirkte so weit hinter dem Mond, dass er kaum Schüler fand, und sein Versuch, durch unmotiviertes Anbringen von Hakenkreuzen an Vogelhäuschen in seinen postromantischen Landschaften eine gewisse Aktualität zu gewinnen, wurde selbst damals belächelt.«

Bühler zeigte eine Ausstellung mit »entarteter Kunst«, darunter waren auch Werke von Alexander Kanoldt. Der war allerdings selbst Mitglied der NSDAP, gerade Direktor der Hochschule der bildenden Künste in Berlin geworden und protestierte beim Ministerium: »Wenn Herr Bühler glaubte, mir eine Beleidigung zufügen zu können, indem er mich als Afterkünstler in dieser Gesellschaft zeigt, dann irrt er sich – ich empfinde diese Gleichsetzung als die höchste Ehrung, die mir je zuteil geworden ist! Aber so war es ja nicht gemeint! Und da ich einer der Wenigen bin, der sich gegen die Absicht der Beleidigung wehren kann, tue ich es mit aller Entschiedenheit für die Toten!«

Eine Ausstellung
im Badischen Kunstverein 1940

Der Verkaufsschlager der Majolika

Der Kunstverein passte sich an, wählte den Führer der HJ zum Vorstandsmitglied und zeigte »Helden und Lande deutscher Geschichte« oder »Blut und Boden«. 1941 gab es allerdings auch eine Ausstellung mit dem verfemten Slevogt, und die Übernahme der Wanderausstellung »Entartete Kunst« lehnte der Kunstverein ab.

Bühler blieb nur ein Jahr Leiter der Kunsthalle. Nach ihm wurde Kurt Martin Direktor. Er schloss sie für fünf Jahre und sortierte »entartete Kunst« aus, u. a. Ernst Barlach, Otto Dix, Emil Nolde, Karl Schmidt-Rottluff. Zur Wiedereröffnung organisierte er 1939 eine Hans-Thoma-Ausstellung. In der Orangerie hießen die Schauen »Kunst der Front« oder »Künstler im feldgrauen Rock.« Während des Krieges wurde die Kunsthalle geschlossen, die Kunstwerke ausgelagert.

Die Akademie leitete nach Bühler der Architekt Otto Haupt. Er verlieh, laut Helmut Goettl, »der Kunsthochschule etwas von seiner persönlichen Eleganz und Weltgewandtheit. Und unter den künstlerischen Lehrern der damaligen Zeit (fast ausnahmslos soldatischem Ausbildungsdrill verpflichtet und Prinzipienreiter par exellence), musste er wie ein eleganter Schmetterling gewirkt haben.«

An der Hochschule für Musik lehrte auch Heinrich Cassimir. Einmal hielt er eine Vorlesung über Gustav Mahler und beendete seine Ausführungen mit den Worten: »Ich bin gar nicht damit einverstanden, dass man hier jetzt nicht mehr Mahler spielt und Mendelssohn, das ist sehr gute Musik. Und es ist dumm, dass man die nicht mehr spielt. Die Stunde ist beendet. Heil Hitler!«

Am Theater wurde die Leitung und viele Angestellte entlassen, die meisten wegen ihrer jüdischen Herkunft. Auch Intendant Waag musste gehen, sein Name stand für die »Systemzeit«, obwohl er schon vor 1933 Völkisches gespielt hatte. Im April 1933 kam, zwei Tage nach der Uraufführung, das NS-Drama »Schlageter« von Hanns Johst auf die Bühne. Das Theater spielte in der Folge vor allem Klassiker und reine Unterhaltungsstücke: Heinrich Spoerl, Ludwig Thoma oder Curt Goetz. Von ausländischen Autoren wurde nur noch Shakespeare aufgeführt (Benito Mussolinis »100 Tage« konnte man nicht bekommen), »keine Asphaltliteraten«, keine liberalen und keine jüdischen Autoren. In der Oper gab es Wagner und Mozart, Pfitzner und Richard Strauss.

Kino und Rundfunk

Neben propagandistisch Angehauchtem wie »Hitlerjunge Quex« waren die meisten Kassenschlager pure Unterhaltung: Luis Trenkers »Der Berg ruft«, »Heimat« mit Zarah Leander, »Der Tiger von Eschnapur«, Lustspiele mit Hans Albers, Brigitte Horney, Marianne Hoppe und Heinz Rühmann. Neu im Programm, wenn auch selten, waren Hetzfilme wie »Jud Süß« mit Kristina Söderbaum, Heinrich George und Werner Krauss. »Der Fluch, der den Juden folgt, ist nicht an Ort und Zeit gebunden«, meinte die Reklame – einen Monat danach wurden die badischen Juden nach Gurs verschleppt. Die größten Firmen, Ufa und Tobis, waren schnell im Besitz der Nationalsozialisten, jüdische Kinobesitzer wurden vertrieben: 1938 emigrierte der Gründer der Schauburg, Willy Mansbacher, 1933 floh die Besitzerin der Union-Lichtspiele in Mühlburg, Diana Isenburg, nach Belgien und wurde 1942 nach Auschwitz deportiert.

Als neues Massenmedium hatte das Radio Erfolg. Die Zahl der privaten Radiogeräte stieg während des Dritten Reichs sprunghaft an.

Literatur

Einen Monat später als im Reich wurden am 17. Juni 1933 auch in Karlsruhe Bücher öffentlich verbrannt. Kolonnen des NS-Jungvolks überfielen zuvor die Buchhandlungen und sammelten ein, was auf ihren Listen stand. Auch die öffentlichen Bibliotheken säuberten ihre Regale, alle Werke »marxistischer pazifistischer und jüdischer Schriftsteller« flogen raus, »ohne Rücksicht auf den Inhalt«. In die Lücken kam Literatur »aus den Gebieten der Weltanschauung des Nationalsozialismus«: Die Ausleihzahlen gingen zurück.

Traditionsverlage wie C. F. Müller und G. Braun passten sich den neuen Gegebenheiten an. Bei C. F. Müller erschien ab 1936 die Kunstzeitschrift »Das Bild«, herausgeben von der Kunstgesellschaft Dresden. Vorsitzende war »die berüchtigte Kunsthallenmitarbeiterin Bettina Feistel-Rohmeder« (Helmut Goettl). Verlagsleiter Hermann Fecht annoncierte stolz, sie sei »die erste deutsche Kunstzeitschrift, die den Kampf gegen den Verfall der Deutschen Kunst aufgenommen hat und sich kompromisslos für artechte deutsche Kunst einsetzt.« Hauptschriftleiter war Bühler. Die Zeitschrift wollte eine Kunst, »die aus dem Blut ihres Schöpfers und dem Boden seiner Heimat entsteht.« Sie erschien bis 1944. G. Braun gab ab 1938 das Branchenverzeichnis für Baden heraus, nationalsozialistische Lehrbücher und kriegsverherrlichende Bücher wie »Minenwerfer an der Westfront«. 1945 mussten beide Verlage nach Bombenangriffen die Produktion einstellen.

Schnell stellten sich auch die Zeitungen auf die neuen Machthaber ein oder wurden verboten: der sozialdemokratische »Volksfreund« im März 1933, der »Badische Beobachter« 1935, die »Karlsruher Zeitung« ging 1934 im »Karlsruher Tagblatt« auf, das 1937 sein Erscheinen einstellte.

Die Gestapo

1933 entstand die Geheime Staatspolizei, die sich aus der Politischen Polizei beim Landespolizeiamt entwickelte. Ihr Leiter Karl Friedrich Berckmüller sah als Verbrechen »jegliches vom Nationalsozialismus abweichendes Verhalten«. Nach dem Krieg wurde er zu einem Jahr und 3 Monaten Haft verurteilt. 1935 zog die Gestapo in die Gartenstraße 25, 1938 in die Reichsstraße 24 (heute Ebertstraße).

Die Bevölkerung half durch Spitzelei und Denunziationen – so sehr, dass die Gestapo darauf hinweisen musste, dass sie nicht die Beschwerdestelle für persönliche Gehässigkeiten sei. Nachbarn und Arbeitskollegen wurden denunziert, Lehrer von ihren Schülern angezeigt, wie Alfred Kanzler von der Kant-Schule, der Witze erzählte und im Physikunterricht erklärte, wie man Feindsender hören konnte. Die Gestapo meinte: »Er

Hand in Hand mit der Gestapo

Die Amtshilfe war gut organisiert. Die normale Polizei arbeitete der Gestapo zu, der Grenz- und Zugüberwachungsdienst beschlagnahmte illegale Druckschriften und meldete politisch verdächtige Personen, Postangestellte halfen bei der Postkontrolle, Passämter und Eisenbahnangestellte bei der Judenverfolgung, die HJ meldete neu gegründete Jugendverbände und Abweichler, Blockwarte und niedere NS-Chargen meldeten alles Auffällige und waren eine beliebte Anlaufstelle für Denunzianten.

kann in dieser Hinsicht als ein Meckerer der schlimmsten Sorte bezeichnet werden, der sich als ein schlauer Fuchs fühlt und nun der Jugend in der Schule seine Witze politischer und sonstiger Art beibringt.« Er wurde im Juli 1944 zu sieben Jahren Haft verurteilt und starb im Mai 1945 nach der Befreiung.

Zunächst wurden Linke und Liberale verfolgt, ab Ende der dreißiger Jahre »rassische Gegner« und »Berufsverbrecher«, »Asoziale«, Homosexuelle, »Zigeuner«, »Bibelforscher«, Geistliche und Juden. Anfangs ging die Gestapo brutal und öffentlich vor, sie wollte einschüchtern. Später ließ der Terror etwas nach, ab 1937 nahm er wieder zu. Den Spruch »Lieber Gott, mach mich stumm, dass ich nicht nach Dachau kumm«, kannten sicherlich auch die Karlsruher.

Widerstand

Natürlich gab es auch Widerstand, aber Terror und Bespitzelung schürten Misstrauen. Die Sozialdemokratin Hanne Landgraf erzählt: »Manche haben auch Angst gehabt, die haben einen gar nicht mehr gegrüßt, denen hat man gar nicht zu nahe kommen dürfen, da sind die schon auf der anderen Seite gelaufen, weg von den eigenen Leuten.«

Man riskierte eher die kleine Verweigerung, blieb Versammlungen fern, »vergaß« zu spenden oder grüßte mit »Guten Tag« statt »Heil Hitler«. Selbst das konnte als »Heimtücke« bestraft werden. Ein Witz hatte manchmal mehrere Monate Haft zur Folge: Als die Krankenpflegeschwester Margarete Armbruster zwei Frauen wegen ihrer Angst beruhigen wollte und halb scherzhaft sagte: »Vor den Russen braucht ihr überhaupt keine Angst zu haben! Baden wird französisch«, kam sie ins KZ Ravensbrück.

Aber sogar Nationalsozialisten warnten und halfen. Kurt Witzenbacher erzählt von einem SA-Mann, der am Abend vor dem Pogrom zu seinem Vater kam: »›Sie haben einen verdammt jüdisch klingenden Namen‹, flüsterte er. ›Seien Sie heute Nacht vorsichtig! Ich darf nicht mehr sagen, Sie waren aber immer ein guter Nachbar. Schließen Sie, wenn ich weg bin, alle Fensterläden. Es ist gut, wenn Sie auch Ihr schweres Haustor fest verschließen.‹« Für Ex-Minister Adam Remmele, der zum Tod seiner Frau einige Tage Haftverschonung von Kislau bekam, bürgte Lagerleiter Franz Mohr. Julius La Fontaine, Direktor der Polizeischule, war 1939 nach Polen versetzt worden, erlitt einen Nervenzusammenbruch und wurde Widerständler, mit anderen hörte er in seiner Wohnung ausländische Sender.

Manche Widerständler fuhren extra aufs Land, um sich dort bei Ausflügen in Ruhe unterhalten zu können. Hanne Landgraf: »Jeden Sonntag sind wir fort mit den Rädern ins Albtal. Dort haben wir uns getroffen, als Familie mit allen anderen Turnerfamilien, mit all denen, die noch Kontakt gesucht haben.«

Die KPD schmuggelte Schriften und Flugblätter ein und

verteilte sie. In Karlsruhe druckte sie eine Zeitung, die »Trotz Allem Rote Fahne«. In einer Flasche wurde das Wachsmatrizenmanuskript im Hardtwald versteckt und von einem Maler vervielfältigt.

Auch Geistliche unterstützten den Widerstand. Richard Dold von der Bonifatius-Gemeinde betreute Gefangene und Zwangsarbeiter und kam in »Schutzhaft«. Bedroht wurden Hanns Löw aus dem »Dörfle« und Jugendpfarrer Heinz Kappes, beide SPD-Mitglieder. Kappes wurde zehn Tage inhaftiert, weil er in einem Brief an Remmele schrieb: »Um die große Sache des Sozialismus ist immer viel gelitten worden.«

Reinhold Frank war Zentrums-Mitglied und Rechtsanwalt bei Franz Xaver Honold, der politisch Verfolgte verteidigte, Sozialdemokraten wie Pfarrer. Frank kannte die Verschwörungspläne des 20. Juli und sollte danach eine führende Rolle in Baden spielen: Im Januar 1945 wurde er zum Tode verurteilt. Im Urteil gegen ihn heißt es: »Anders denken ist abartig.«

Juden zu helfen, war sehr riskant. Nur wenige wurden versteckt, in Ettlingen, auf dem Rittnerthof oder dem Turmberg wie Karl Eisemann: »Mit zwei Leidensgenossen habe ich heimlich in einer Gartenhütte auf dem Turmberg in Durlach gelebt und wurde von Freunden mit Lebensmitteln versorgt. Die Umstände, unter denen ich das Ende des Naziregimes abwarten musste, waren menschenunwürdig. Es war uns nicht möglich, während des Tages die Hütte zu verlassen oder in ihr Feuer zu unterhalten. Obwohl die Stadt am 4. April 1945 von der französischen Armee besetzt wurde, konnte ich mich erst am Morgen des 7. April an frei bewegen, nachdem die deutschen Truppen in der Nacht den Turmberg geräumt hatten.« Der Besitzer des Kiosks im Vierordtbad, Otto Hörner, versteckte immer wieder Juden, mehrere Familien halfen ihm. Insgesamt überlebten aber nur neun Karlsruher Juden durch solche Hilfe. Neun von mehr als tausend.

Verfolgung und Ermordung der Juden

Im März 1933 demonstrierten Karlsruher Bürger gegen jüdische Geschäfte und zwangen sie, vorübergehend zu schließen. Am 1. April postierten sich SA-Leute vor jüdischen Geschäften. In den Zeitungen hieß es: »Kauft nicht in jüdischen Warenhäusern!« oder »Geht nicht zu jüdischen Rechtsanwälten!« Ausgenommen waren nur ausländische Geschäfte wie Woolworth. Zwar ließen sich viele nicht abhalten, trotzdem wie gewohnt ins Café des Kaufhauses Knopf zu gehen oder einzukaufen, aber öffentliche Proteste gab es keine.

Am 7. April wurde das »Gesetz zur Wiederherstellung des Berufsbeamtentums« erlassen: »Beamte, die nicht arischer Abstammung sind, sind in den Ruhestand zu versetzen.« In Baden

Ein großes »J« im Pass kennzeichnete jüdische Mitbürger

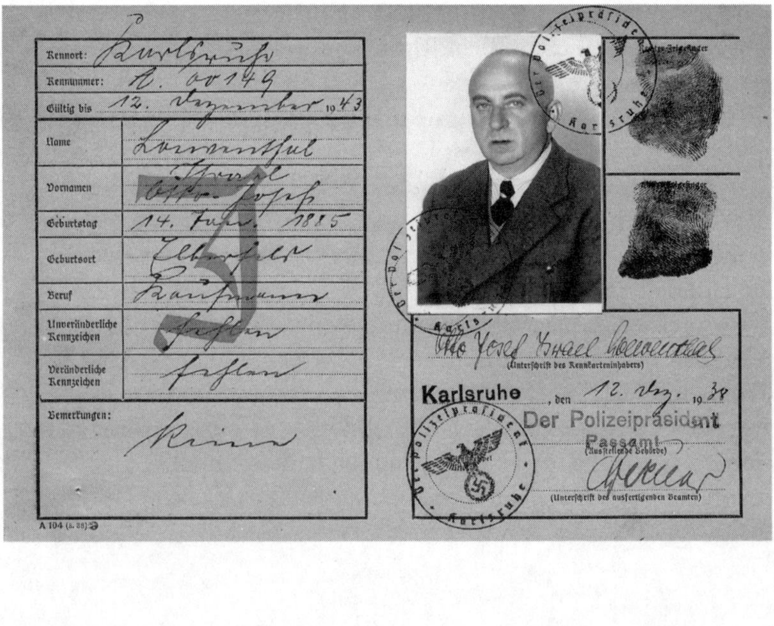

war man schneller, schon zwei Tage zuvor hatte Reichskommissar Wagner verfügt, »dass alle im badischen Staatsdienst, in Staatsbetrieben, in Gemeinden, Gemeindebetrieben und öffentlich-rechtlichen Körperschaften sowie als Lehrkräfte an Privatschulen beschäftigte Angehörige der jüdischen Rasse (ohne Rücksicht auf die konfessionelle Zugehörigkeit) bis auf weiteres vom Dienst zu beurlauben sind.« Der Direktor der Landesbibliothek, Ferdinand Rieser, die Hochschulprofessoren Friedrich Hirsch und Nathan Stein, Kunsthallenleiterin Lilli Fischel, Kinderkrankenhausdirektor Franz Lust, Oberlandesrichter Otto Levis, Albert Schwarzstein, Altphilologe am Bismarckgymnasium, Ulrich Bernays vom Goethegymnasium: alle wurden entlassen. Rechtsanwaltsvereinigungen schlossen ihre jüdischen Mitglieder aus, nicht-jüdische Angestellte wurden unter Druck gesetzt: »Schaffst du immer noch beim Juden?« Ärzte verloren die Kassenzulassung. Aus Sportvereinen wurden Juden ebenso gedrängt wie aus den Schrebergärten. Alle nicht-staatlichen Organisationen zogen nach, auch ohne direkte Anordnungen.

Im Juli gab das Oberlandesgericht einem Kläger Recht, der seine Ehe mit einer Jüdin anfechten wollte. Er habe bei der Eheschließung nicht gewusst, was diese »Rasse« ausmacht. Das Gericht stimmte ihm zu: »Man hat heute erkannt, dass die jüdische Rasse hinsichtlich des Blutes, des Charakters, der Persönlichkeit und der Lebensauffassung etwas ganz anderes ist als die arische Rasse.« Eine Vermischung sei »verderblich, weil sie den Arier als einzelnen, namentlich aber auch in seiner Eigenschaft als Volksgenossen, in die Gefahr bringt, seiner Rasse und seinem Volkstum fremd zu werden und darüber hinaus artfremde Kinder zu erzeugen.« Hier nahm ein Karlsruher Richter die Nürnberger Gesetze schon vorweg.

An den Schulen wurde »Rassenkunde« eingeführt, am Bismarck-Gymnasium schon 1934. Zum Hochschulstudium wur-

»Klare Verhältnisse in der Judenfrage«

»Klare Verhältnisse in der Judenfrage« – so titelte die Badische Presse 1935. Juden verloren ihre Bürgerrechte: »Reichsbürger ist nur der Staatsangehörige deutschen oder artverwandten Blutes, der durch sein Verhalten beweist, dass er gewillt und geeignet ist, in Treue dem deutschen Volk und Reich zu dienen.« Juden wurden eingeteilt in Voll-, Halb- und Vierteljuden. Genauso abgestuft grenzte man sie aus. Eheschließungen zwischen Juden und Nicht-Juden waren verboten und konnten mit Zuchthaus bestraft werden, ebenso nicht-ehelicher Geschlechtsverkehr. Es kam zu einer Flut von Denunziationen und Anklagen wegen »Rassenschande«.

den Juden und »Mischlinge« nicht mehr zugelassen: Oberstudiendirektor Ott vom Goethe-Gymnasium bescheinigte einem jüdischen Schüler, er habe »genügend Intelligenz und Ehrgeiz, den wahren inneren Menschen zu verbergen«. Der wahre Mensch: Das war für Ott der Jude. Ein jüdischer Doktorand erhielt vom Rektor der TH, Rudolf Weigel, die Beurteilung, dass »sich deutlich der jüdische Bluteinschlag durchgesetzt« habe: »Ich halte darum eine Promotion zum deutschen Doktor nicht für geboten.«

In Geschäften und Gaststätten hingen Schilder mit der Aufschrift »Juden sind hier unerwünscht«, im Juli 1935 verbot der Oberbürgermeister Juden den Besuch von öffentlichen Bädern. Im Oktober 1935 wurde eine »Judenkartei« eingeführt, »eine erstmalige polizeiliche Erfassung der in Baden wohnenden Juden«. 1938 wurde sie aktualisiert, mit Passbildern. Juden mussten ihr Vermögen melden und erhielten Kennkarten mit einem großen »J«, mussten, wenn sie keinen erkennbaren jüdischen Vornamen trugen, den Namen »Israel« oder »Sara« annehmen, und Nachnamen ändern: Aus Moser wurde Moses, aus Oppen Oppenheimer, aus Rosen Rosenthal.

Viele Juden gaben ihre Geschäfte auf oder verkauften, meist zu ungünstigen Konditionen. Schon vor dem Pogrom profitierten Karlsruher von diesen Verkäufen. Das Modehaus Landauer (früher Model) in der Kaiserstraße 145 gab im Juni 1936 auf: »Dieses Haus geht morgen in arischen Besitz über!«, warben die Geschwister Vetter. 1937 betonte Jakob Pfisterer, der neue Besitzer vom Wäsche-, Betten- und Handarbeitengeschäft Paul Burchard das neue Firmenzeichen pbn (für »Paul Burchard Nachfolger«): »›Nachfolger‹ ist wichtig! Der Nachfolger ist arisch!« Als die Familie von Adolf Rosenberg 1936 ihren Eisenwarenladen in der Marienstraße verkaufen musste, griff der Hilfspolizist Otto App zu und annoncierte auf Flugblättern »mit deutschem Gruß« die Neueröffnung des »rein arischen Unternehmens«.

Novemberpogrom

Am 27. Oktober 1938 ordneten die Behörden die Ausweisung aller männlichen polnischen Juden über 18 Jahren an, die meisten waren nach dem Ersten Weltkrieg nach Deutschland geflüchtet. 42 Karlsruher wurden ohne Vorwarnung verhaftet: »Das Herz zerspringt einem, wenn man sieht, wie die Teuren alles haben stehen und liegen lassen müssen«, erfährt man aus dem Tagebuch der 18-jährigen Helene Leidner. »Eine angefangene Tasse Kaffee, ein angebissenes Stück Brot. Grässlich. Wir verbrennen alle jüdischen Briefe usw., Dinge, die man wirklich haben darf. Aber hinter einem steckt so eine fürchterliche Angst.« Die Männer wurden an die polnische Grenze gefahren und über die Grenze gejagt. Im Nachhinein wirkt diese Aktion wie ein Test für die Massendeportation nach Polen. Die deutsche Eisenbahn funktionierte tadellos.

Als am 7. November 1938 der 17-jährige Herschel Grünspan in Paris den deutschen Legationssekretär vom Rath erschoss, ging an die SA der Befehl, »spontane Vergeltungsmaßnahmen« durchzuführen, und an die Polizei, nicht einzugreifen.

Spätabends brannten die Synagogen in der Kronenstraße und in der Karl-Wilhelm-Straße. Die Feuerwehr kam schnell und löschte, aber nur weil direkt neben der Synagoge ein Benzinlager stand. Bei der orthodoxen Synagoge beschränkte sich die Feuerwehr darauf, die umliegenden Druckereien des Verlags G. Braun und des Künstlerbunds zu schützen. Noch in der Nacht, vor allem aber am nächsten Morgen sahen sich viele Karlsruher dieses Spektakel an.

Jüdische Geschäfte, die Jüdische Gemeinde und das jüdische Hotel »Nassauer Hof« in der Kriegsstraße 88 wurden demoliert, die Ware zerstört, Fensterscheiben zertrümmert (hierher rührt der verharmlosende Begriff »Kristallnacht«), Möbel auf die Straße geworfen. Die Männer wurden aus den Wohnungen gezerrt und zum Teil im Pyjama zum Polizeipräsidium getrieben oder gefahren. Ludwig Marx, Lehrer an der jüdischen Schule, erzählt: »Wir mussten durch die Straßen laufen, in denen sich ein Haufen Pöbel angesammelt hatte. Sie schrien uns an und warfen mit Steinen nach uns.« Mehrere hundert Karlsruher sahen sich das an. Der achtjährige Witzenbacher bekam den Begriff des Spießrutenlaufens »von erwachsenen Menschen, einfachen und vornehmen, Männern und hysterisch kreischenden Frauen, Herren und Damen, demonstriert. Ein Bild werde ich nie mehr vergessen. Dicht an mir vorbei ging ein großgewachsener, alter Herr mit Glatze und einem langen grauen Bart, dem aus unzähligen Platzwunden das Blut über das Gesicht lief.«

Die Männer wurden ins KZ Dachau gebracht, von der SS misshandelt, geschlagen, gedemütigt oder erschossen, badische Polizisten begleiteten sie. Viele starben im Lager oder direkt danach, aus Karlsruhe der Durlacher Kaufmann Max Falk, der Hautarzt Leopold Liebmann und der Prokurist Ferdinand Kahn. Die anderen kamen nach Wochen oder Monaten zurück, als gebrochene Männer.

Deportation

In der »Wannseekonferenz« 1942 beschlossen die Nationalsozialisten, die Juden planmäßig zu ermorden. 1941 waren in Polen und Russland schon Massenhinrichtungen durchgeführt und Vergasungsanlagen in KZs eingerichtet worden.

Bereits am 20. Oktober 1940 wurden in Baden und der Pfalz alle Juden zusammengetrieben, 50 kg Gepäck, Essen, eine Wolldecke und höchstens 100 Mark durften sie mitnehmen. Zwei Stunden hatten sie Zeit, zu packen. Die Wohnung wurde versiegelt, der Besitz öffentlich versteigert: Hausrat, Möbel, Schmuck, Bücher. Damit war allen Karlsruher Bürgern wohl klar, dass ihre Mitbürger nicht zurückkommen würden. Am Hauptbahnhof versammelten sie sich: »Im Laufe des Tages kamen immer mehr Gruppen, bis mit ganz wenigen Ausnahmen die ganze Gemeinde, etwa 900 Seelen versammelt war.«

Abends fuhr der Transport los. Es ging in das Lager Gurs, in der Nähe von Pau. Dort herrschten Hunger und Krankheiten, man lebte hinter Stacheldraht, in Morast und Schlamm: »Die Baracken waren komplett leer, kein Licht, kein Stroh, keine Decken, nichts war vorhanden.« Essen war knapp und schlecht. In den ersten drei Monaten starben 600 Juden, 210 aus Karlsruhe.

Die wenigen übrig gebliebenen Juden mussten ab 1941 den gelben »Judenstern« an ihrer Kleidung tragen, ab 1942 mussten auch jüdische Wohnungen gekennzeichnet werden.

Im März 1942 begann die systematische Ermordung. Am 24. April wurden die ersten elf Karlsruher nach Stuttgart, von dort ins polnische Izbica transportiert und dann in die Vernichtungslager Belec oder Majdanek. Weitere Transporte gingen nach Theresienstadt und Auschwitz. Aus Gurs schaffte man alle direkt nach Auschwitz.

Auschwitz war ein Vernichtungslager. Die Arbeit, in Außenlagern für die deutsche Industrie geleistet, war mörderisch. Frieda Heimann erzählt: »14 bis 16 Stunden mussten wir täglich arbeiten, dafür bekamen wir sehr wenig zu essen, manchmal zwei bis drei Tage überhaupt nichts.« Die Gefangenen, die dem Terror und dem Sadismus der Wachmannschaften ausgeliefert waren, wurden »selektiert«: Wer nicht arbeiten konnte, wurde vergast und anschließend verbrannt. Noch die menschlichen Überreste, Haare und Zahngold, wurden verwertet. Artur Trautmann berichtet: »Die drei Krematorien waren Tag und Nacht in Betrieb. Aus den Schornsteinen schlugen ununterbrochen meterhohe Flammen auf, welche man weit entfernt beobachten konnte. Die Verbrennungsöfen waren nicht in der Lage, die sich anhäufenden Leichen alle aufzunehmen, weshalb im nahe gelegenen Wald drei große Gräben ausgehoben und darin die Toten auf Scheiterhaufen, unter Beimischung von Benzin und Reisig, verbrannt wurden. Der Rauch war weithin sichtbar. Das SS-Gesindel brachte es fertig, Kinder lebend in die Flammen zu werfen.«

Auschwitz überlebten nur drei Karlsruher Juden.

Der Zweite Weltkrieg

Am 1. September 1939 fielen deutsche Truppen in Polen ein, Frankreich erklärte Deutschland den Krieg: Karlsruhe wurde wieder Frontstadt. Da die Stadt im Bereich der französischen Artillerie lag, flohen fast 90 000 Karlsruher und kehrten Weihnachten wieder zurück. Es blieb ruhig, bis im Mai 1940 die Offensive gegen Frankreich begann.

Lebensmittel wurden wieder, wie im Ersten Weltkrieg, rationiert. Alle vier Wochen holten die Karlsruher beim Ernährungsamt im Markgräflichen Palais am Rondellplatz ihre Lebensmittelkarten ab, es gab auch Bezugsscheine für Textilien, Treibstoff und Fahrradreifen. Lange konnte man fast alles bekommen, erst ab 1944 wurde die Versorgungslage eng.

Verstärkt wurde jetzt für alle möglichen Zwecke gesammelt, Geld, aber auch Sachspenden, für das Winterhilfswerk WHW

Die deutschen Soldaten kommen aus Frankreich zurück

und die »große nationale Metallreserve«. Dabei sollten »die Sammelstellen selbst eine würdige räumliche Ausstattung erhalten (Ausschmückung des Gabentisches durch Führerbild bzw. Führerbüste und Hakenkreuzfahne usw.).« Man schmolz auch Statuen ein wie die beiden 33 Tonnen schweren Bronzefiguren »Fidelitas« und »Badenia«, die vor dem Rathaus standen: »Dem Führer zu lieb, Deutschland zum Sieg!« war das Motto. Für die »Liebesgaben für unsere Soldaten« gab es Abzeichen und Figuren, die so beliebt waren, dass das WHW ein Sammelhandbuch herausgab.

Da die Männer eingezogen waren, mussten Frauen ihren Platz in den Fabriken, als Schaffnerinnen oder bei der Post einnehmen. Viele weigerten sich und argumentierten mit dem offiziellen Frauenbild, wonach der Platz der Frau am Herd und bei den Kindern sei. HJ-Mitglieder wurden herangezogen, kurz vor Kriegsende auch als Soldaten, Flakhelfer oder beim Volkssturm.

Viele Lücken mussten die Fremdarbeiter aus den besetzten Gebieten füllen, aus Polen, Russland, Frankreich, Belgien. Die ersten polnischen Kriegsgefangenen arbeiteten in der Landwirtschaft, später viele in der Industrie. 1942 standen 41 Lager mit Zwangsarbeitern in Karlsruhe, das größte am Westbahnhof, es war das Lager der DWM, der Deutschen Waffen- und Munitionsfabrik.

Karlsruhe will Hauptstadt sein …

Als die deutschen Truppen noch erfolgreich waren, schlug Gauleiter Wagner vor, die Hauptstadt des Reichsgaus »Baden-Elsaß« nach Straßburg zu verlegen oder ein neues Gau »Oberrhein« mit der Hauptstadt Straßburg zu schaffen. Die Karlsruher waren sofort dagegen: Wenn alle Beamten und höheren Behörden wegziehen würden, wären auch Handel und Kultur in Gefahr, die Technische Hochschule und das Staatstheater. Sie wollten selbst Hauptstadt sein. Der Streit zog sich bis Kriegsende hin. Hitler erklärte, »er wolle niemals haben, dass Karlsruhe einen Nachteil erleide, zumal sich die Karlsruher Bevölkerung, insbesondere auch in der Zeit der Nichtmilitarisierung, gut gehalten habe.« Ein Lob von Hitler für Karlsruhe! Oberbürgermeister Hüssy blieb zuversichtlich: »Die Württemberger würden nach ein paar Jahren so auf Baden blicken, wie Baden manchmal nach dem Nachbarland Württemberg geschaut habe. Der neue Gau werde nicht nur einer der schönsten, sondern auch einer der größten.«

Luftangriffe

Aber es gab dann doch andere Probleme. Der Luftkrieg verhinderte die Bauvorhaben im Zuge der Gauhauptstadterweiterung, bei denen »in jedem Fall ganze Arbeit, vollkommene und keinerlei Not- und Teillösungen in Betracht kämen.« Über den ersten Alarm im Juni 1940 staunten die Karlsruher noch, die nur Siegesmeldungen gewohnt waren. Der erste Luftangriff erfolgte am 5. August. 1942 gab es die ersten Flächenangriffe, bei denen zuerst Leuchtbomben, vom Volksmund »Christbäume« genannt, dann Brandbomben abgeworfen wurden: »Vom Rondellplatz bis zum Rheinhafen und nach Knielingen zog sich eine Schneise der Verwüstung«, schrieb »Der Führer« und beklagte sich über den »englischen Terrorangriff«. 73 Menschen starben.

1944 wurden die Angriffe heftiger. Am 27. September griffen 237 Bomber die Stadt an, warfen Spreng- und Brandbomben ab. Die halbe Stadt brannte: »Binnen weniger Minuten wogte ein riesiges Flammenmeer vom Durlacher Tor zum

Rheinhafen.« Am 4. Dezember griffen 900 Flugzeuge mit Sprengbomben an, es gab bis zu zehn Einschläge je Sekunde. Ganze Häuserblöcke verschwanden, viele Menschen erstickten in den Luftschutzkellern. In einem anonymen Tagebuch, das im Haus Zirkel Ecke Waldhornstraße gefunden wurde, fragt die Frauenhandschrift: »Es ist eine Gruft; vorläufig oder für immer? Acht von 12 Stunden habe ich heute im Keller verbracht. Es sind nur noch wenige Hausbewohner da. Viele evakuiert. Es ist jetzt 18.50 Uhr und wieder einmal Voralarm. Mich bedrücken schlimme Ahnungen ...« Eine halbe Stunde später begann der Angriff, bei dem auch diese Frau starb. Die halbe Stadt wurde zerstört. »Intakte Viertel zwischen Ruinen, verräucherte Mauern und ausgebrannte Häuser. Eine ungleich verteilte Zerstörung. Metertiefe Gruben im Pflaster, mit dün-

Der zerstörte Marktplatz am Ende des Krieges

nen Stangen drumherum, jede zweite Straße blockiert von den Trümmern einst wohnlicher Heime.« So beschrieb Carl Ludwig Wilhelm, Sohn von Viktoria von Baden, den Anblick direkt nach Kriegsende: »Nur mit Schwierigkeiten gelangten wir in die Marktplatzgegend und gedachten nun, den üblichen Weg zum Schloss, unserm eigentlichen Ziel, zu nehmen. Da lag es in einigem Abstand mit seinem abgestumpften Turm im Zentrum des fächerförmigen Straßennetzes, aber dahin zu gelangen, erwies sich als leichter gesagt als getan.«

Das Kriegsende

Schon im Januar 1945 berichtete der Oberlandesgerichtspräsident von der schlechter werdenden Stimmung: »Hemmungslose Kritik und wüstes gehässiges Schimpfen« sei zu hören. Trotzdem: »Man hatte sich gewöhnt, zu schweigen, man hatte sich gewöhnt, an seine Familie zu denken, d. h. jede Forderung der unteren Organe der NSDAP mit mehr oder weniger großem Widerstreben zu erfüllen«, schrieb der Gelehrte Adolf von Grolman. Wer plünderte, wurde zum Tode verurteilt, so auch zwei Dienstmädchen. Das Urteil sollte in Bruchsal vollstreckt werden, zu ihrem Glück aber war das »Hinrichtungsgerät« schon abtransportiert worden. Sie überlebten den Krieg.

Zuletzt mussten Zivilisten im Volkssturm kämpfen: »Sieger wird, wer standhafter, unbeugsamer, fanatischer kämpft«, hieß es auf einem Plakat. Ohne Nutzen: Im März 1945 hatten die alliierten Truppen das linke Rheinufer erreicht, die Brücke bei Maxau lag seit Ende 1944 unter amerikanischem Beschuss. Am 31. März und am 2. April überschritt die französische Armee den Rhein, am 4. April kapitulierte Karlsruhe. Der befehlshabende Oberstleutnant Ernst Linke gab den Befehl, die Stadt kampflos zu räumen.

Eine marokkanische Einheit marschiert durch die Stadt

Insgesamt starben im Krieg etwa 1700 Karlsruher Zivilisten, 5800 Soldaten aus Karlsruhe fielen, 3500 blieben vermisst. In den Zeitungen standen die Todesanzeigen unter der Rubik »Feindlichem Terrorangriff fielen zum Opfer«.

Wiederaufbau und Nachkriegszeit

Die meisten Karlsruher empfanden das Kriegsende nicht als Befreiung von der Diktatur, erleichtert waren sie vor allem, dass es keine Luftangriffe mehr gab. Ein Schüler sagte später: »Ich war froh, dass dieser schreckliche Krieg endlich zu Ende war und man wieder in Ruhe schlafen konnte.« Ein »Ausbruch einer spontanen Wut des deutschen Volkes« gegen die Nationalsozialisten, wie ihn die emigrierte Philosophin Hannah Arendt erhofft hatte, blieb aus, die Entnazifizierung mussten die Besatzer übernehmen.

Eigentlich operierten in Nordbaden die Amerikaner, aber zunächst besetzten die Franzosen Karlsruhe. Sie benahmen sich

Das Schloss war fast völlig ausgebombt

ganz unterschiedlich. Ein Bürger berichtete von der »Erschießung von Personen, die auf der Straße oder am Wohnungsfenster sich sehen ließen«, und sagte: »Deren eigene Versorgung war wohl schlecht, denn Hühner und Hasen der Bevölkerung wurden bei Durchsuchungen aufgespürt und mussten auch noch gebraten werden.« Ein anderer erzählte von »algerischen oder marokkanischen Soldaten, welche bei uns einquartiert waren und ihre wohl 5 Meter langen Turbantücher neu wickelten und aufsetzten. Zu uns Kindern waren sie freundlich.«

Andere Besatzer plünderten, was sie erwischen konnten. Verblüffenderweise fanden sie riesige Alkoholvorräte und Lebensmittel. Im Schlachthof lagerte Fett und Fleisch, in der Milchzentrale Butter. Als der katholische Stadtdekan Albert Rüde eine Bittschrift gegen die Plünderungen überreichen wollte, wies ihn der Stadtkommandant ab: »Wer hat in Deutschland protestiert, als Deutsche sich in Frankreich wie Barbaren benahmen und als Deutsche meine eigene Frau erwürgten?«

Die Stadt war ein Trümmerfeld, historische Bauten, Privathäuser, Geschäfte und Fabriken waren zerstört. Nur wenige Wohnungen waren unbeschädigt. Heimkehrer und Flüchtlinge wurden am Hauptbahnhof »entlaust« und in die Artilleriekaserne gesteckt, die als Auffanglager diente.

Lebensmittel fehlten, Öfen und Töpfe, viele hungerten. Der Schwarzmarkt blühte: Ein Brot kostete 30 Reichsmark statt 40 Pfennig mit Lebensmittelkarte. Zigaretten, Mehl, Zucker, Seife: Alles wurde schwarz gehandelt. Die Amerikaner bestraften Schwarzhändler und halfen durch Care-Pakete und die »Hoover-Speisung« für Schulkinder. Konnte jemand Englisch, hatte er Glück. Ein Karlsruher erzählte: »Die Angehörigen der US-Armee verhielten sich im allgemeinen gegenüber jungen Leuten recht freundlich – da ich schon ein wenig englisch sprechen konnte, gelang es mir, mit diesen meistens ›gute‹ Geschäfte bezüglich Verpflegung zu machen. Sie wollten im allgemeinen ja nur eines wissen: Wo sie ein Mädchen finden könnten.«

In der Scheffelstraße 37 kochte die Stadt für Hungernde, gründete eine »Notgemeinschaft« und sammelte Spenden. Im Herbst strömten alle in die Wälder und sammelten Bucheckern, aus denen Öl gepresst wurde, Pilze und Beeren. Ein Junge erzählte: »Selbst als die Schule im April 1946 begann, kann ich mich erinnern, dass das 10-Uhr-Brot durch eine gekochte Pellkartoffel, die einschließlich Schale gegessen wurde, das Frühstück darstellte.«

Entnazifizierung

Die Besatzer verhafteten NS-Funktionäre und SS-Männer, 1500 insgesamt. Sie entließen 450 Angehörige der Stadtverwaltung und 500 Lehrer und Hochschullehrer. Alle Bürger mussten einen Fragenkatalog beantworten. Oberbürgermeister Hermann Veit mahnte: »Die Entlassungsmaßnahmen sind unverkennbar schwer, aber man muss bedenken, wie teilnahmslos das deutsche Volk zugesehen hat, als ein großer Volksteil in die Konzentrationslager geschickt und dort unmenschlich behandelt wurde.«

Von März 1946 bis Oktober 1948 nahmen deutsche Spruchkammern die Entnazifizierung in die Hand. Häufig kam es zu Gefälligkeitsurteilen, »Persilscheine«: Jetzt gab es plötzlich nur noch 30 Hauptbeschuldigte, nur sechs von ihnen wurden zum Tod verurteilt. 140 waren Belastete, der Rest Mitläufer, sogar Kreisleiter Willi Worch, ein führender Nationalsozialist. Auch der Rektor der Universität, Gaudozentenführer Rudolf Weigel, der schon vor 1933 Gegner der Republik war, galt als »minder belastet«. Zwar wehrten sich Senat und Rektorat der Fridericiana gegen seine Wiedereinstellung: Er gehöre »zu jenen Personen, deren Äußerungen und Handlungen eindeutig im Sinne des Nationalsozialismus erfolgten.« Aber es half nichts, Weigel wurde eingestellt.

Manche entschuldigten sich mit dem Druck, dem sie ausgesetzt waren, andere meinten, sie wären Nazis geblieben »in der irrigen Meinung und Hoffnung, das Gewicht der Anständigkeit, Ehrenhaftigkeit und der Menschlichkeit in der Partei nicht zu schwächen.« Selbst Gestapochef Karl Berckmüller wollte Widerständler gewesen sein: Er ließ sich vom HJ-Obergebietsführer Friedhelm Kemper bestätigen, dass Himmler ihn als »zu weich, zu gutmütig, zu gefühlsduselig und früher Freimaurer« bezeichnet hatte.

Zurück zur Normalität

Wichtiger als eine Aufarbeitung der Schuld war den meisten die Rückkehr zur Normalität. Landespräsident Köhler rief auf, »die allgemeine Unruhe zu beseitigen und die Wirtschaft und Verwaltung wieder flott zu machen zur Bewältigung der ungeheuren ihm gestellten Aufgaben.« Erinnerungen an den Widerstand waren nicht gern gesehen. Anlässlich einer Gedenkveranstaltung schrieb die BNN 1948: »Allzu viele gibt es, die aus einem nicht ganz reinen Gewissen heraus nicht erinnert sein möchten, wie viele ihretwegen kämpften und sich opferten, als sie der Tyrannei dienten. Man will nichts mehr wissen von damals.« Noch 1959 kam es zu Protesten, als der Studentenverband SDS die Ausstellung »Ungesühnte Nazijustiz« zeigte. Die Urteile der Volks- und Sondergerichte waren dokumentiert: Todesurteile wegen »Wehrkraftzersetzung« oder »Beihilfe zur Flucht«. Auf Tafeln waren die Namen der Richter und Staatsanwälte vermerkt, die jetzt wieder im Amt waren und Karriere machten, wie Ministerpräsident Filbinger.

Weg mit den Trümmern

»400 000 Kubikmeter Schutt und Trümmer haben Ehrendienst und Stamm der AAK bereits aus unserer Stadt Karlsruhe weggeschafft. Was hast du getan? Erfülle deine Ehrenpflicht!« So lautstark warb ein Plakat, sich an der »Aufräumungs-Arbeitsgemeinschaft-Karlsruhe« zu beteiligen. 35 Baufirmen schlossen sich unter der Leitung von Günther Klotz und Fritz Schäfer zusammen, bis zu 1000 Arbeiter legten Hand an. Ab Juli 1946 fuhr ein kleiner Zug mit Loren, das »Schuttbähnle«, durch die Stadt, quer durch die Ruine der Orangerie, mit dessen Hilfe man die Trümmer zur Ostseite des Schlosses räumte. Von da ging es nach Daxlanden oder zu Bombentrichtern in der Stadt, die aufgefüllt wurden. Frauen sollten übrigens nicht helfen. Klotz: »Sollen wir zu allem Unglück hin der Welt nun noch vorführen, wie unsere Mütter, Frauen und Schwestern sich mit der Schuttabfuhr beschäftigen?« Natürlich halfen sie trotzdem. Bereits 1950 war Karlsruhe schuttfrei.

Wiederaufbau und Abriss

Erste Planungen sahen vor, Schloss, Marktplatz und »via triumphalis« in barocker Pracht wieder herzustellen. Das misslang so gründlich, dass die Presse von einer »via miserabilis« sprach. Eine Historikerin fand 1975 harte Worte: »Auf der weltberühmten Mittelachse der barocken Stadtanlage folgen heute aufeinander: ein Denkmal ohne Sockel (Großherzog Karl Friedrich), eine öffentliche Bedürfnisanstalt, das Grabmal des Stadtgründers, zahlreiche Blumentröge, das Denkmal von Großherzog Ludwig, ein Obelisk, flankiert von 2 Greifen und 3 Verkehrsschildern. Dazwischen: eine Ansammlung von Litfasssäulen, Hydranten, Abfallkörben, Bordsteinen, Verkehrsschildern, Oberleitungen, Kiosken, Schienen, Glasbausteinen, Straßenmarkierungen, Parkuhren, Trafokästen, Kisten, Pflöcken, Sperren, Automaten, Löchern, Bänken und Trögen.« Auch die Nordseite des Marktplatzes wurde stillos zugebaut, vom Markgräflichen Palais blieb wenigstens die »im Detail verödete« Fassade stehen. Das Weltzienhaus am Karlstor sollte einem Versicherungsneubau weichen, die Hirschbrücke abgerissen werden, doch hier protestierten die Bürger erfolgreich.

Bis heute reißt man denkmalgeschützte Gebäude ab oder lässt sie verrotten wie den Sozialbau an der Brauerstraße, drei historische Häuser in der Waldstraße und die Häuser am Bundesgerichtshof: Da hängt noch ein Schild über das »Ensemble der Bürgerhäuser«, das Ensemble aber ist weg.

Als das Bundesverfassungsgericht 1963 merkte, dass das Prinz-Max-Palais zu klein wurde, drohte man, nach München zu ziehen, wenn man nicht eine entsprechende Örtlichkeit bekäme. Präsident Gebhard Müller wollte sogar das Schloss. Die Stadt ließ sich überreden: Sie bekamen den Platz des Theaters für einen Neubau. Der Karlsruher Journalist Josef Werner hielt das für eine »der bedauerlichsten Fehlleistungen der Nachkriegszeit«. 40 Jahre später wiederholt sich die Geschichte: Das Gericht hat Platznot und bekommt ein Stück vom einzig-

Der Nachwelt nicht erhalten

Nicht wieder stilgerecht aufgebaut oder abgerissen wurden unter anderem: die alte Fassade von Hertie, das Hotel Germania am Ettlinger Tor, die Nordseite des Friedrichsplatzes, das Künstlerhaus am Karlstor, das Bürklin-Palais, der Eingang der Durmschen Festhalle, die Wachhäuser am Linkenheimer, Mühlburger und Karlstor und das Ständehaus.

artigen, seit 1924 unter Denkmalschutz stehenden Botanischen Garten. Was aber, wenn auch dieser Platz nicht reicht?

Neue Stadt

Die Geschäftshäuser bestanden noch lange aus eingeschossigen Buden. Der Fortschritt war aber nicht aufzuhalten: 1947 fuhren die Straßenbahnen wieder, 1951 staunte man über die erste Ampel am Karlstor. Ende 1952 öffnete »Pfannkuch« den ersten Selbstbedienungsladen in der Kaiser-/Ecke Herrenstraße. Allmählich lösten diese Geschäfte die alten »Tante-Emma-Läden« (heute »Onkel-Ali-Läden«) ab, in denen man mit Waren, aber auch mit Neuigkeiten und Gemütlichkeit versorgt wurde. Hertie nahm im September 1953 die erste Rolltreppe in Betrieb, hinter Karstadt gab es 1959 die erste Tiefgarage.

Das Rathaus konnte 1955 wieder eingeweiht werden, allerdings mit »gähnend langweiligen Einscheibenfenstern und zu tief gerutschten Fensterstürzen in den Bogenrundungen des Erdgeschosses«. Die Stadtkirche wurde 1958 fertig. An die Stelle der zerstörten Festhalle von Durm baute Erich Schelling 1953 die Nancyhalle mit ihrem frei schwebenden Dach.

Das Schloss wurde von 1954 bis 1964 renoviert. Noch 1945 schrieb Prinz Carl Ludwig Wilhelm: »Ein leeres Skelett, von dem die Außenmauern das Einzige waren, was noch dastand. Zerfetzte Dächer, gesplitterte Fußbodenbalken, Treppenteile, die sinnlos in der Luft hingen, eingestürzte Wände, geschwärzte Fensterbögen. Die Geländer waren wie im Wahnsinn erstarrt, eiserne Träger zu Korkenziehern verdreht, ein vergoldeter Adler baumelte ziellos von der Decke.«

Das Landesmuseum war im Erbgroßherzoglichen Palais untergebracht und musste »geradezu fluchtartig in die Telegraphenkaserne Hertzstraße verlagert werden«, als der Bundesgerichtshof einzog. Ohne Ausstellungsräume war es lange nur ein Depot: »Wir nannten es K.u.K.-Museum – Kasernen- und Kisten-Museum«, sagte Ernst Petrasch, der erste Direktor. 1959 wurde die erste Ausstellung im Schloss eröffnet.

Grünanlagen und neue Viertel

Immerhin gelang es, schon 1947 den Stadtgarten wieder zu öffnen und später in der Südstadt und an der Kaiserallee Grünzüge einzurichten. Die Alb wurde mehrfach renaturiert und 1976 die Günther-Klotz-Anlage mit Hügel und Teich angelegt, allerdings ohne Lärmschutz zur Südtangente.

Ab 1957 entstand die Waldstadt. »Günther Klotz«, so liest man in den Akten, »verordnete die Hochhäuser seinem widerstrebenden Waldstadt-Chefarchitekten mit der lächelnden Unerbittlichkeit eines badisch-alemannischen Volkstribuns«. Die Rheinstadt am Knielinger See, die als Fußgängerstadt angepriesen wurde, blieb ein Plan, dafür wurde das Paul-Revere-Village gebaut: »Klein-Amerika«. Architekten waren Backhaus und Brosinksy, zwei Studenten von Egon Eiermann, der aus der Zeitung davon erfuhr. Wütend setzte er durch, dass sich ab sofort alle Studenten für ihre Arbeiten eine Genehmigung holen mussten.

Flächensanierung

Im Dörfle lebte man beengt und mit schlechten sanitären Anlagen. »Die verwinkelten und sehr oft baufälligen Häuser prägen auch die Mieter«, schrieb eine Sozialfürsorgerin: »Die Straßen sind alt und schmal; die Hinterhöfe dunkel und ohne Sonne. Kinder wachsen im Schatten auf«. Statt Einzelsanierungen in Betracht zu ziehen, wurde »hemmungslos flächensaniert, das heißt eingeebnet, festgestampft und klotzig überbaut«, wie der bekannte Karlsruher Autor Harald Hurst beklagte. Ab 1958 kaufte die Stadt in großem Stil Grundstücke und riss die Häuser ab. Große Lücken entstanden, die viele Jahre als Parkplatz genutzt wurden, der »teuerste Parkplatz Europas« nannte ihn die Presse. Manche prozessierten dagegen, erfolglos, wie Metzger Theodor Schneider an der Fritz-Erler-Straße. Glücklicherweise fehlte das Geld für den völligen Abriss der alten Häuser. Heute wäre Karlsruhe wohl froh über eine malerische Altstadt.

Der Straßenbau und das »Karlsruher Modell«

Auch im Straßenbau agierte die Stadt jeweils ganz im Stil der Zeit. Die Kriegsstraße wurde teilweise zehnspurig ausgebaut, das Karlstor 1972 abgerissen, Teile des Nymphengartens und viele Vorgärten zubetoniert. Die Durlacher Allee wurde vierspurig, der Parkring und die Straßen am Entenfang verbreitert. Die Südtangente konnte nach 25 Jahren Bauzeit 1988 eingeweiht werden und hinterließ ein »zerfetztes Albgrün« (Josef Werner) und einen deutlich kleineren Oberwald. Die schönen alten Gasthäuser, der »Kühle Krug« und die »Schäumende Alb«, wurden abgerissen.

Sehr stark förderte die Stadt den Straßenbahnverkehr, deutschlandweit »Karlsruher Modell« genannt. Schon 1971 dachte die Stadt auch über eine Untertunnelung der Kaiserstraße nach. Dullenkopf sagte später, es seien »über die Zweckmäßigkeit erhebliche Zweifel aufgetaucht«. 1972 begann, trotz der Proteste einiger Geschäftsbesitzer, der Umbau der Kaiserstraße zur Fußgängerzone, viele Plätze wurden für Fußgänger gestaltet: Lidell-, Ludwigs- und Stephanplatz.

Gartenhalle, Konzerthaus und Kongresshalle, Europahalle, Fächerbad, Staatstheater, Kunsthalle, Landesbibliothek, Landesmuseum - eine Fülle von Hallen und großen Häusern zeigte, dass sich Karlsruhe den Flair einer Großstadt geben wollte.

Wirtschaft

Schon 1947 sagte Oberbürgermeister Töpper: »Karlsruhe will nicht erst eine Industriestadt werden, sondern war und ist bereits eine.« 1950 arbeiteten 30 000, 1963 über 44 000 Menschen in der Industrie. 1963 endete die Ölpipeline aus Marseille in Karlsruhe: Die Stadt wurde ein Ölzentrum und baute eine Raffinerie. 1965 hatten sich 300 Firmen neu angesiedelt. Die Umweltverschmutzung stieg, Stadtrat Otto Figlestahler verlangte bereits im April 1959 die Eindämmung der Schwefeldioxydemissionen. Als er 1973 starb, sagte der damalige Oberbürgermeister: »Wenn Bäume sich verneigen könnten, sie täten

Fast Vollbeschäftigung

Neue Firmen: die Stahlbaufirma Gollnow aus Stettin, Siemens, die Arzneimittelfirmen Schwabe und Pfizer, die Gablonzer Schmuckindustrie, Siemens & Halske mit Radio- und Messtechnikgeräten, die Fluor-Chemie, L'Oréal, Michelin, Esso und DEA, Singer, die Haid & Neu übernimmt, Firmen im Killisfeld und in Hagsfeld – sie alle sorgten für Arbeit. 1960 war die Vollbeschäftigung fast erreicht: 0,6 % Arbeitslose. Hugo Mann erweiterte sein Möbelgeschäft, die Versandhäuser Mona und Heine kamen nach Karlsruhe, aus einem Drogerieladen wuchs der deutschlandweite »dm-Drogeriemarkt«.

es an der Bahre dieses Mannes, der sie liebte, der sie schützte, der sie verteidigte.«

Der Ölpreisschock und die schlechte Konjunktur führten dagegen zu zahlreichen Geschäftsaufgaben: 1968 die alteingesessene Firma Junker & Ruh, ab 1980 schlossen die Firmen Wolff & Sohn, Schmalbach Lubeca, Grundig, Singer, Ritter, und die Brauereien Sinner, die mit Moninger, und Schrempp-Printz, die mit Binding fusionierten.

Sport

1965 war fast die Hälfte aller Karlsruher in einem Verein. Sport- und Gesangvereine boomten, die Fußballvereine profitierten von den Siegen des KSC: 1955 und 1956 war er DFB-Pokalsieger, 1958 und 1960 Süddeutscher Fußballmeister. »Danach plätscherte alles so dahin«, meinte eine Vereinschronik. Die Auflagen für die Spieler waren hart: »Alkohol darf der Lizenzspieler ab Donnerstag abend um 22 Uhr grundsätzlich nicht mehr zu sich nehmen. Der Lizenzspieler muss - außer Samstag und Sonntag - spätestens um 23 Uhr im Bett liegen. Die Vereinsleitung behält sich häusliche Kontrollen vor. Das Rauchen ist ab Donnerstag gänzlich zu unterlassen.« Verboten war auch Baden und Sonnenbaden, Schlittschuhlaufen, Skifahren und Autofahren über größere Strecken. Als Star wurde 1966 Dragoslav »Scheki« Sekularac aus Belgrad eingekauft, aber: »Der Scheki hatte ein Gespür dafür, wann es im Training hart war, da hatte er plötzlich eine kleine Verletzung.« Der KSC stieg auf und wieder ab, »Fahrstuhl-Verein« nannte man ihn. In seinen guten Zeiten hatte er Spieler wie Mehmet Scholl, Thomas Häßler und Oliver Kahn, zu anderen Zeiten war er fast insolvent.

Berühmt waren die Leichtathleten Heinz Fütterer, 1954 Europameister über 100 und 200 Meter, Carl Kaufmann, Weltrekordler über 400 Meter, und Siegfried König, deutscher Meister im 400-Meter-Lauf und später Bürgermeister. In den 90er Jahren wurde die erste deutsche Profiboxerin und Weltmeisterin Regina Halmich, der Boxweltmeister Sven Ottke und die Olympiasiegerin und zweimalige Weltmeisterin Heike Drechsler berühmt.

Hochschulen

An der Technischen Hochschule schrieben sich 1950 über 4000 Studenten ein, darunter 200 Frauen. Zielstrebig entwickelte sie ihren guten Ruf. 1958 erhielt sie einen neuen Rechner, den legendären »Zuse Z 22« aus der zweiten Generation der Computertechnik. Noch heute ist das Riesengerät funktionsfähig, mit 415 Elektronenröhren. 1967 wurde aus der TH eine Universität, die 1972 bereits eine Informatik-Fakultät einrichtete und 1984 die erste deutsche E-Mail verschickte. In den geisteswissenschaftlichen Fächern gab es nur selten große Lehrer, Ausnahmen sind der Mediävist Peter Wapnewski und der Historiker Thomas Nipperdey. Jan Knopf leitet bis heute die 1989 gegründete »Arbeitsstelle Bertolt Brecht«. Die Herausgabe der »Großen Kommentierten Werkausgabe« Brechts feierte die FAZ als »Sensation«.

Die Kunstakademie

Die Kunstakademie wurde im Oktober 1947 wieder eröffnet. Nach dem Tod von Oskar Gehrig leitete sie ab 1948 Otto Haupt, der schon während der NS-Zeit Direktor gewesen war. Ältere Professoren wie Karl Hubbuch und Wilhelm Schnarrenberger, die 1933 entlassen worden waren, wurden wieder eingestellt. Aber man musste ganz elementar vorgehen. Wie der Maler Willi Müller-Hufschmid 1947 klagte: »Die jungen Leute wissen ja noch nicht einmal richtig Bescheid über den Impressionismus. Da muss man ja ganz vorne anfangen, um 100 Jahre zurückgehen bis Cézanne.« Erst 1955 hielt mit HAP Grieshaber die Moderne Einzug an die Akademie. Mit Wilhelm Loth und Herbert Kitzel begann in den 60er Jahren die »Neue Figuration«, in den 70er und 80er Jahren begründeten Georg Baselitz, Markus Lüpertz und Per Kirkeby die »Neue Malerei«.

Wie konservativ die Akademie war, zeigen zwei »Fälle«. Der unkonventionelle HAP Grieshaber malte mit seinen Studenten hässliche Schränke und einen Bauzaun an und wurde dafür heftig kritisiert: So etwas ging damals nicht. Zum Eklat kam es, als 1959 zwei seiner Studentinnen in einer Prüfung durchfielen, weil die von ihnen gemalten Köpfe und Hühner »nicht erkennbar« waren. Die Prüfungsordnung stammte noch aus der NS-Zeit: Grieshaber kündigte.

1967, zur Bundesgartenschau, stellte Horst Antes Plastiken im Botanischen Garten auf, einen »Lustgarten mit sieben Monumenten der Lüste«. Es waren poppig bunte, abstrakte Blechskulpturen mit Namen wie »Yellow Submarine« oder »Die Familie oder die Lust der Lust«. Viele Bürger empfanden sie als »Kunsthaufen«. In einer Podiumsdiskussion wollte das Publikum wissen, was denn die Namen sollten. Antes fragte zurück: »Woher hat der Dompfaff seinen Namen?«

Der Kunstverein

1958 wurde Klaus Gallwitz Vorsitzender des Kunstvereins: »Im Schreibtisch des Geschäftsführers fanden sich Visitenkarten auf gelblichem Kartonpapier mit abgerundeten Ecken. In zierlicher englischer Schreibschrift wiesen sie den Geschäftsführer als ›Conservator des Bad. Kunstvereins‹ aus.« In einem von ihm gestalteten Katalogumschlag sahen manche Mitglieder einen »schamlosen Angriff auf das Ehrgefühl der deutschen Frau«. Aber Gallwitz ließ sich nicht beirren, er zeigte Werke von Beckmann, Kokoschka und Picasso, zögerte nicht, bei Dali zu antichambrieren, ermutigte Antes, seine Plastiken aufzustellen und steigerte die Mitgliederzahl von 700 auf über 2000.

Die Kunsthalle

Leiter der Kunsthalle wurde wieder Kurt Martin, der schon ab 1934 Direktor gewesen war. Über ihn und Otto Haupt schrieb der Künstler Wilhelm Martin, der in einem Entnazifizierungsausschuss tätig war: »Es ist unverantwortlich, dass man diesen beiden Kunst-Globkes, wie sie allgemein genannt werden, die Leitung der Kunstakademie und der Kunsthalle nach 1945 wieder anvertraute, nachdem sie im Dritten Reich als besondere Günstlinge des ehem. Reichsstatthalters Robert Wagner ganz in dessen Sinne und der damaligen Ideologie schon einmal am Niedergang unserer Kultur mitgewirkt hatten.« Aber Martin zeigte, wie aufgeschlossen und modern er war: 1948 präsentierte er »Gegenstandslose Malerei in Amerika«, es war die erste Ausstellung amerikanischer Kunst in Deutschland. Als er Kurator der documenta wurde, trat Jan Lauts 1957 seine Nachfolge an.

Das ZKM

1993 wurde das Zentrum für Kunst und Medientechnologie ZKM von Heinrich Klotz gegründet und vier Jahre später eingeweiht. Zunächst in einem spektakulären Würfelbau des Architekten Rem Koolhaas hinter dem Bahnhof geplant, kam es aus Kostengründen in die Fabrik an der Brauerstraße. Neben Ausstellungen soll das ZKM Kunst und neue Technologien im Bereich Bild und Musik zusammenführen, Wissenschaft und Kunst sollen sich dort treffen. Direktor ist der österreichische Künstler Peter Weibel: »Wenn ich eine Vorstellung davon habe, was Kunst sein darf und was sie soll, dann enge ich die Kunst ein.« Das Feld der Kunst sieht er schlicht überall, weil »der Künstler das Arbeitsfeld wechselt, sei es technisch, ins Internet, oder wissenschaftlich, in die Soziologie oder in die Ökonomie.« Einzigartig ist das Archiv von Videokunst. Das ZKM ist aber auch ein Dienstleistungsunternehmen, das neue Software entwickelt: »Wir leben vom Verkauf von Hightech-Dienstleistungen.«

Theater

Das Staatstheater begann nach dem Krieg mit bunten Abenden. Im August 1945 spielte die Badische Staatskapelle im Konzerthaus Beethovens 5. Sinfonie. Oberbürgermeister Veit schrieb an den Musikdirektor Otto Matzerath: »Sie haben heute für unser Theater und darüber hinaus für die deutsche Kunst und damit für das deutsche Volk mehr geleistet, als wir armen Politiker es in tausend Besprechungen und Versammlungen vermöchten.« Die erste Spielzeit wurde mit Hugo von Hofmannsthals »Jedermann« am 27. Oktober eröffnet. Intendant Erwin Hahn wich ab 1947 aus dem unzulänglichen Konzerthaus in kleinere Säle aus. Im Winter kam das Publikum trotz Kälte, mit Mänteln und Decken, und brachte manchmal sogar Holzscheite zum Heizen der Proberäume. 1950 konnte in der Stadthalle ein eigenes Schauspielhaus eingerichtet werden. Erst 1975 wurde der Neubau des Theaters eingeweiht.

Auf dem Spielplan stand und steht bis heute eine bunte Mischung aus modernen Stücken, Klassikern und Unterhaltung. Begonnen wurde nach dem Krieg mit: Somerset Maugham, Jean Giraudoux, Carl Zuckmayer, in der Oper wurden Mozart, Gluck, Verdi gespielt. Experimente wurden wenige gewagt, manches stieß, wie Becketts »Warten auf Godot«, auf totales Unverständnis beim unvorbereiteten Publikum.

1951 gründete Werner Wedekind das Theater »Die Insel« und konzentrierte sich auf Uraufführungen und deutsche Erstaufführungen von französischen Stücken. Das »Kammertheater« von Wolfgang Reinsch, das wie die »Insel« häufig umziehen musste, bot und bietet bis heute Boulevard und Unterhaltung.

Kino

Auch die Kinos mussten neu aufgebaut werden. Die meisten waren zerbombt, als die Franzosen einmarschierten, nur das »Atlantik« am Durlacher Tor spielte noch. Willy Hauser eröffnete 1946 das »Roxy«, Hubertus Wald das »Union«, weitere kamen schnell hinzu: Kurbel, Rondell-Kino, Atlantik, Pali, Schauburg, Rheingold, 1953 die Kamera mit der neuen Cinemascope-Breitwandtechnik und Stereoton. Eine Attraktion war das Foyer mit Aquarium (mit Rheinfischen) und Goldfischbassin.

Einen Skandal erregte »Die Sünderin« 1951: Hildegard Knef war wenige Sekunden nackt zu sehen. Am 17. Februar protestierten 200 katholische Studenten, weil »das sittliche und moralische Empfinden verletzt« würde. Heimatfilme wollte man sehen, Unterhaltung. Der größte Erfolg war der erste deutsche Farbfilm 1950, »Das Schwarzwaldmädel« mit Rudolf Prack und Sonja Ziemann. Die Vorstellungen waren wochenlang ausverkauft. Filmfirmen bedankten sich bei den 22 Karlsruher Kinos für die Einspielergebnisse.

Vielleicht hängt es auch mit diesem Erfolg zusammen, dass ab 1949, auf eine Initiative des Karlsruher »Film-Revue«-Verlegers Karl Fritz, der »Bambi«-Preis jedes Jahr in Karlsruhe verliehen wurde. Die kleine Statuette wurde vom Karlsruher Künstler Emil Sutor geschaffen. Für einige Tage verwandelte der »Bambi« die Stadt in einen Treffpunkt internationaler Stars: Ingrid Bergmann, Sophia Loren, Gina Lollobrigida, Rock Hudson und viele andere waren da, fuhren im offenen Mercedes durch die Ettlinger Straße und winkten vom Rathausbalkon. Der neue »Film-Revue«-Verleger Franz Burda verlegte die Bambi-Verleihung 1964 nach München. »Denn außer der Schwarzwaldhalle und dem tüchtigen Oberbürgermeister gibt es gar nichts, was ein solches Filmfestival in Karlsruhe rechtfertigt«, sagte er.

Erst in den sechziger Jahren bekam das Kino Konkurrenz durch das Fernsehen. Bis dahin hatten nur wenige einen eigenen Apparat, und es war so, wie der Karlsruher Autor Roland Lang erzählt: »Bei strömendem Regen fahren der Vater und

Gina Lollobrigida bei der Bambi-Verleihung

ich auf dem Rad zum Gasthaus in der Nähe seines Betriebes. Dort steht ein Fernsehapparat, und dort wollen wir die Übertragung des Endspiels um die Fußballweltmeisterschaft 1954 anschauen.« In einem »überfüllten Gastzimmer« trafen sich die Leute und genossen das Gemeinschaftsgefühl.

Literatur

Ein seltener Fall in der Karlsruher Literaturgeschichte trat nach dem Zweiten Weltkrieg ein: Zwei Verlage publizierten auch avantgardistische Literatur.

Rainer Maria Gerhardt (1927–1954) gab die Zeitschrift »fragmente« heraus, mit Texten von Ezra Pound, Charles Olson, Robert Creeley, Antonin Artaud, allesamt Avantgarde-Autoren, die er zum Teil selbst übersetzte. Mit seinen amerikanischen Autoren wechselte er poetisch-poetologische Briefe, wichtige Theorien der Poetik entstanden mit ihm. Bei Tron in Durlach druckte er kunstvolle Bücher. Nur sechs Bücher erschienen in seinem Verlag »fragmente«. In großer Armut brachte sich Gerhardt 1954 in seiner Wohnung im Hochhaus am Entenfang um.

Bis 1971 konnte sich der Verlag von Ingeborg Stahlberg halten. Sie publizierte ab 1946 Avantgarde-Texte und anspruchsvolle Unterhaltung. Ihre wichtigsten Autoren waren der heftig angefeindete Arno Schmidt und Curzio Malaparte. Schmidt unterstützte sie von 1954 bis zu seinem Monumentalroman »Zettel's Traum«, obwohl er kein erfolgreicher Autor war. Malaparte provozierte mit seinen Büchern (z. B. »Kaputt« oder »Die Haut«) einige Skandale, aber auch zu ihm hielt sie. Einmal überlegte er sogar, nach Daxlanden zu ziehen. Folgenreich war ihr Einfall, Hans Werner Richter und andere Autoren zu einem Treffen einzuladen. Aus dieser Tagung entstand die

»Gruppe 47«, die einflussreichste literarische Gruppe der Bundesrepublik.

Im Verlag »Volk und Zeit« gab der Schriftsetzer Wilhelm Beisel ab 1946 Klassenlesestoffe heraus, 1948 Anderschs »Deutsche Literatur in der Entscheidung« und ein Kinderbuch mit dem Titel »Bimbo. Die Geschichte vom unfolgsamen Negerkind« von Ruth Endler. Der Verlag überstand die Währungsreform nicht, wie auch Albert Kindt, der vor allem Kinderbücher verlegte: Hanna Meuters »Der kleine Franzos daheim und am Rhein« oder »Münchhausens Abenteuer«.

Der Schwerdfeger-Verlag zeigte die Kriegsschäden in seiner Broschüre »Karlsruhe 1945. Blätter des Gedenkens an das Schicksal einer Stadt«, der Verlag »Der Karlsruher Bote« veröffentlichte 1948 Josef Chaijm Brenners Theaterstück »Aufruhr der Engel«. Badenia publizierte Bücher mit Titeln wie »Gottes Reich in unserer Heimat« und Schulbücher. Robert Müller-Wirth, Urenkel von C. F. Müller, konnte den Verlag mit zeitgeschichtlichen und humanistischen Studien neu beleben. Sein Sohn Christof Müller-Wirth publizierte 1972 das erste Buch über Umweltschutz, »Stirbt der Wald«, später »Sanfte Chemie«, 1978 ein Faksimile vom »Stundenbuch des Markgrafen Christoph von Baden«. Das »atelier paysage« veröffentlichte um 1978 regionale Autoren wie Peter Lober, von Loeper (1979 bis 1987) entdeckte Harald Hurst. Der Info Verlag publiziert seit 1970 Stadtgeschichtliches und Mundartliteratur, Ralf Stieber verlegt schön gestaltete Kleinauflagen mit illustrierter Lyrik.

Auch neue Buchhandlungen wurden gegründet. Karl Kaiser verkaufte zunächst in der stadtbekannten Konditorei seines Vaters Bücher, bevor er sich selbstständig machte und die größte Buchhandlung der Stadt gründete. Die Buchhandlung Kundt war nach dem Krieg »als Existenzialisten-Höhle verschrien«. Karl Roscher schrieb über seinen Vorgänger: »Er hatte sehr eigenwillige Geschäftsmethoden. Die Öffnungszeiten variierten sehr, einmal war um 10 Uhr schon geöffnet, ein andermal erst um 13 Uhr, manche Tage oder Wochen überhaupt nicht. Es konnte passieren, dass er zu den Bayreuther oder Salzburger Festspielen fuhr und die Buchhandlung einfach zumachte.« Bei ihm trafen sich Avantgarde-Autoren wie Gerhardt oder der Amerikaner Jonathan Williams und benutzten ihn als Postadresse.

Von Zeit zu Zeit taten sich Literaten zusammen, gründeten Gesprächskreise und Arbeitsgruppen. Seit 1977 erscheinen immer wieder Anthologien mit Karlsruher Autoren, es gibt »Lesetage« oder Literaturfeste wie die Krimitage. Nur wenige Autoren leben in Karlsruhe. Der berühmte Lyriker Walter Helmut Fritz wohnt seit vielen Jahren in der Waldstadt. Auch Roland Lang, der mit seinem Roman »Ein Hai in der Suppe« (1975) ein buntes Bild von der 68er-Zeit und dem Republikanischen Club im »Walfisch« am Mendelssohnplatz malte, wohnt in Karlsruhe, und junge Autoren wie Markus Orths. Andere sind weggezogen, wie Wolf Wondratschek, der hier zur Schule ging, oder Lothar Baier, der im Ringcafé der berühmten Zeitschrift »text und kritik« den Namen gab.

Zeitungen

Lange gab es mehrere Tageszeitungen: Ab 1946 erschienen die »Badischen Neuesten Nachrichten«, 1947 die »Südwestdeutsche Allgemeine Zeitung« (bis Ende 1949), 1949 das »Durlacher Tageblatt« (1964 von den BNN übernommen), 1950 die linke »Badische Allgemeine Zeitung« AZ, ab 1953 die katholische »Badische Volkszeitung« BVZ. Die meisten mussten nach der Rezession 1968 eingestellt werden.

Übrig blieb die BNN, ein, wie ihr ehemaliger Redakteur Josef Werner sagte, »Verlust an Meinungsfreiheit, den ich immer sehr bedauert habe.« Grundsatz der BNN war nach dem Willen des Gründers Wilhelm Baur, dass sie der »Gerechtigkeit und Wahrheit« verpflichtet sei: »Untragbar wäre es, wenn der Verleger versuchen würde, dem Redakteur über die Grundsatzhaltung der Zeitung hinaus Direktiven zu geben oder ihm gar Fesseln anzulegen.« Bekannt war Otto Gillen, ein meinungsfreudiger Kunstkritiker, der gegen den »forcierten Avantgardismus« der Moderne war und von manchen Werken fand, dass sie »nur noch Kopfschütteln oder Ekel erregen« können, da sie eine »willkürliche Deformierung der menschlichen Gestalt« zeigten.

Versuche, den BNN später wieder Konkurrenz zu machen, scheiterten immer wieder: Von 1975 bis 1986 erschien als alternative Gegenöffentlichkeit der »Dampedei« mit »Karlsruher Kulturnachrichten«. Die »Karlsruher Rundschau« musste 1984 nach einem Jahr aufgeben, ebenso der monatlich erscheinende »Gegendruck« (1982-1990) und die »Zeitung zum Sonntag« (1999).

Politik

Nach dem Krieg besaß lange Zeit die SPD die absolute Mehrheit in Karlsruhe und stellte mit Hermann Veit, Friedrich Töpper und Günther Klotz die Oberbürgermeister bis 1970. Klotz, der die Aufräumungsarbeiten in der Stadt mit angeleiert hatte, war ein »Macher«. Als seine Idee, eine zweite Bundesgartenschau zu realisieren, knapp scheiterte, gab er auf. In einem Brief bedauerte er »das nun in allen Gebieten modern werdende demokratische Heckmeck«. Er hinterließ einen Schuldenberg von über 15 Millionen DM. Sein Nachfolger wurde bis 1986 Otto Dullenkopf, danach Gerhard Seiler und 1998 Heinz Fenrich.

Landeshauptstadt Karlsruhe

Noch heute betonen manche Badener, dass sie ja eigentlich ein eigenständiges Land seien. 1951 gab es eine Volksabstimmung: 52,2 % aller Badener (knapp 70 % der Karlsruher) stimmten für ein unabhängiges Baden, aber die Württemberger entschieden dagegen – Baden und Württemberg wurden vereinigt, Stuttgart wurde Hauptstadt. Das Bundesverfassungsgericht bewertete später den Entschluss als verfassungswidrig, bei der zweiten Abstimmung 1970 war aber nur noch eine Minderheit für die Unabhängigkeit. Nur einmal gab es eine kleine Hoffnung: Als die Stadt ihr 250. Jubiläum feierte, ließ Bundespräsident Heinrich Lübke »Baden-Württemberg und seine Landeshauptstadt Karlsruhe« hochleben. Diese »prophetischen Worte« (Klotz) wurden aber nicht wahr.

Nach Karlsruhe zogen die beiden höchsten Gerichte, 1950 der Bundesgerichtshof, 1951 das Bundesverfassungsgericht. Das bekannteste Urteil erging 1956: Nach mehrjähriger Verhandlung verbot das Gericht die KPD. Anträge des Verteidigers, Senatspräsidenten Josef Wintrich für befangen zu erklären, weil er NS-Oberstaatsanwalt war und sich mit Konrad Adenauer über den Prozess beraten hatte, scheiterten. Bei der Urteilsverkündung waren die Straßen um das Gericht hermetisch abgeriegelt.

Bundesgartenschau

1967 veranstaltete die Stadt ein »sommerlanges grünes Fest« mit über sechs Millionen Besuchern. Gartenbaudirektor Robert Mürb ließ den etwas verwilderten Schlossgarten umgestalten, auch um »die Anlage den Bedürfnissen des heutigen Großstadtmenschen anzupassen.« Der See wurde vergrößert, der Fasanengarten mit Spielgeräten bestückt, der Schlossplatz untertunnelt: Die Autos, die hier immer parkten, verschwanden unter der Erde. Die Dichterin Marie Luise Kaschnitz lobte den »Schlosspark, aufgeputzt mit einer Blumenallee, mit rechteckigen Wasserwänden, die knatternd aufsteigen und wieder zusammenfallen.«

Auch der Stadtgarten bekam ein neues Gesicht: Die Brücke über den Garten wurde vergrößert und für Autos gesperrt, die Bühne gebaut und die beiden Seen zu einem »pfützenartigen« See (Harald Hurst) verbunden. Die Ruderboote wurden abgeschafft, die Gondolettabahn in Betrieb genommen, der Rosengarten und der Japangarten neu gestaltet, ein Shintopriester weihte ihn ein.

Protest- und Alternativbewegungen

Eine eigene Jugendkultur wuchs heran. 1958 wurde im Durlacher Basler-Tor-Turm ein Jugendzentrum gegründet, später umbenannt in »Antiautoritäres Jugendheim«. Man spielte Stücke von Brecht und Weiss, hörte Lieder von Biermann, veranstaltete Podiumsdiskussionen, fuhr zu den Auschwitz-Prozessen nach Frankfurt und nahm an den Ostermärschen teil. Das musste Ärger geben. Ein Bürger schoss auf den Turm, Diskothekenbesucher versuchten ihn zu stürmen. Die Stadt kündigte schließlich den Mietvertrag, weil Jugendliche im Turm übernachteten und ließ ihn von der Polizei Ende Mai 1969 räumen.

Im November 1968 bot sich die BNN freiwillig als Feindbild an: In einem Leitartikel polemisierte ein Redakteur gegen den »Aufstand der Unmündigen«. Er empfand den Drang nach Mitbestimmung als Unverschämtheit und meinte, es sei nötig, die Jugend »in Form zu bringen« und sie »heilsamen Zwängen zu unterwerfen«. Rektor und Professoren der Universität protestierten, 2000 Jugendliche und Studenten gingen auf die Straße. »Rotes Licht für braune Zeiten« forderten sie gegen das »schwarze Käsblatt«. Günter Klotz sprach von einem »verhängnisvollen Übermaß an Demokratie« und dass die »Demokratie Muskeln« zeigen müsse.

Der Universitätsrektor Heinz Draheim erinnert sich an die 68er Zeit: »Die Demonstranten versammelten sich im Ehrenhof, wobei ich sie ermahnte, sich nicht bei der Bevölkerung unbeliebt zu machen.«

Umstritten sind bis heute die »Steffi«-und »Ex-Steffi«-Leute aus der »Autonomen Szene«. 1990 besetzten sie eine ehemalige Zahntechnikfabrik in der Stephanienstraße 60–64, die seit über elf Jahren leer gestanden hatte. Als die Evangelische Stadtmission 1997 dort ein Altersheim errichtete, bot die Stadt den Bewohnern ein Gelände hinter dem Bahnhof an, auf dem auch Künstler wie Wolf Pehlke ihre Ateliers haben. Bis man einen Investor findet, dürfen sie dort wohnen und arbeiten. Von dieser Generation sagte der langjährige Stadtjugendausschuss-

Demonstration gegen das »schwarze Käsblatt«, 1968

vorsitzende Walther Wäldele: »Deren recht selbstbewusstes Anspruchsdenken in Verbindung mit teilweise extremen Ausdrucks- und Verhaltensformen überraschten unsere Gesellschaft und stellten uns vor neue Aufgaben.«

Als gewalttätiger Auswuchs der Studentenbewegung formierte sich die »Rote Armee Fraktion«, drei ihrer Mitglieder und Unterstützer kamen aus Karlsruhe. Im Mai 1972 verletzte eine Autobombe die Frau des Ermittlungsrichters Wolfgang Buddenberg, 1976 ermordete die RAF an der Linkenheimer Landstraße Generalbundesanwalt Siegfried Buback und seine Begleiter. Die Höchsten Gerichte wurden daraufhin mit Stacheldraht zu Hochsicherheitstrakten ausgebaut.

Gastarbeiter

Die ersten ausländischen »Gastarbeiter« waren schon kurz nach der Stadtgründung gekommen, vom Comer See. Erst im 20. Jahrhundert aber wurden Ausländer gezielt angeworben: Spanier und Italiener, dann Jugoslawen, Griechen und Türken. Der erste Sammeltransport erreichte Karlsruhe 1960, in der Appenmühle war ein Schlaflager eingerichtet. Die Gastarbeiter brachten nicht nur ihre Arbeitskraft, sondern auch ihre Familien mit. Und ihr Essen: Pizza, Spaghetti, Speiseeis und Espresso. 1965 lebten schon 14 000 Ausländer in der Stadt. 1961 wurde ein »Centro italiano« eingerichtet, 1963 auch ein Zentrum für Spanier. Aber erst seit 1987 gibt es einen Ausländerbeirat in der Stadtverwaltung. Bereits 1959 entstand die Bar Milano in der Südstadt. »Mein Onkel hat sie damals gegründet«, erzählt der jetzige Besitzer Gaetano Campanello. Heute ist seine Bar »multikulti, vom kleinen Schwarzen bis zur großen Blonden.« Inzwischen lebt schon die dritte Generation in Karlsruhe und bereichert die Alltagskultur.

Ein- und Ausblicke

Vielleicht hat ja der ehemalige Oberbürgermeister Dullenkopf Recht: »Karlsruhe ist eine Stadt, in der viele Platz haben, Kurzweilige und Langweilige, Profilsüchtige wie Profillose. Und wer behauptet, vor lauter Ausgeglichenheit hätte Karlsruhe keine Höhen und keine Tiefen, der hat sogar ein Reizthema.«

Kultur

Viele Höhen hat das kulturelle Leben in den letzten Jahren gewonnen: Regelmäßig finden in den Galerien Ausstellungen von zum Teil beachtlicher Qualität statt, 2004 startete international erfolgreich die Kunstmesse »Art Karlsruhe«, seit über zwanzig Jahren veranstalten Stadt und Staatstheater Händeltage, Europäische Kulturtage, Frauenfestivals und andere, kleine Events. In der Literarischen Gesellschaft finden prominente Lesungen und Ausstellungen statt. Die Städtische Galerie, lange beengt im Prinz-Max-Palais untergebracht, jetzt neben dem ZKM, zeigt alte badische Kunst, aber auch Kirkeby, Antes, Lüpertz und Baselitz; im Kunstverein, von Angelika Stepken geleitet, sieht man vor allem junge, nicht arrivierte Kunst. In der Kunsthalle werden unter der Leitung von Klaus Schrenk in konzentrierten und beachtenswerten Ausstellungen sowohl alte Meister wie Jean-Baptiste Siméon Chardin als auch neue Meister wie Hanns Schimansky oder Hetum Gruber gezeigt, das Kindermuseum kümmert sich um den Nachwuchs, das Landesmuseum versteht es mit Harald Siebenmorgen, durch hochkarätige Ausstellungen Besuchermassen anzuziehen, in der Hochschule für Gestaltung lehren seit 1993 berühmte Professoren wie Hans Belting und Boris Groys, ihr Rektor ist Peter Sloterdijk.

An der Musikhochschule, seit 1989 im Schloss Gottesaue, ist der weltberühmte Komponist Wolfgang Rihm tätig. Sein Konzept: »Zwischen den Tönen scheint - unvorstellbar - auf, was wir ›Musik‹ nennen können. Ein Ton also: Die Erwartung von Musik; ein anderer Ton also: Die Erinnerung von Musik.« Mit dem Festival »auf dem 49.« (nämlich Breitengrad) bietet Manfred Reichert mit seinem »Ensemble 13« seit Jahren ein anspruchsvolles und unterhaltendes Programm zwischen Rihm und Dylan, Schumann und Zappa. Seit zwanzig Jahren zieht das kostenlose Open-Air-»Fest« in der Klotz-Anlage (»das Fescht«) mit Jazz- und Rockmusik und einem Kulturprogramm jeden Sommer ein immer größer werdendes Publikum an. Der Jazzclub ist seit vielen Jahren eine der renommiertesten Adressen Deutschlands.

Trotz der Schwierigkeiten von Kinobesitzern in der Innenstadt wurde beim ZKM ein Multiplex-Kino eröffnet. Besitzer Georg Fricker, der seit fast 25 Jahren das Programmkino »Schauburg« leitet, meinte gelassen: »Hollywood ist nicht der Hauptort des Satans« und zeigt Kassenschlager. Engagiert zeigen die Macher des Kommunalen Kinos im Prinz-Max-Palais ausgefallene Filme, und das schon seit 25 Jahren.

Erfolgreich agiert auch das »Tollhaus«. 1978 aus dem Folkclub entstanden, eröffnete es 1992 in der Oststadt ein eigenes Haus. Das Programm umfasst alle Sparten: Freies Theater, Kabarett, Tanztheater, Weltmusik, Figurentheater, Jazz, Festivals. Das Haus bietet Vereinen wie Wildwasser, Pro Familia oder amnesty international Räume und Unterstützung. Seit Jahren beabsichtigt die Stadt, am Tollhaus neue Kultureinrichtungen, Werkstätten und Geschäfte anzusiedeln.

Internet-Hauptstadt, Technologiefabrik und Forschungseinrichtungen

Während es in der Kultur aufwärts geht, sieht es bei den Finanzen am Anfang des dritten Jahrtausends schlecht aus. Zuschüsse für Projekte entfallen, vor allem kleinere Gruppen leiden darunter. Doch auch der Wirtschaft geht es schlecht, die Arbeitslosigkeit ist hoch. Nach Auswegen wird gesucht.

Erfolgsmeldungen gibt es trotzdem immer wieder: 2003 wurde Karlsruhe vom Wirtschaftsmagazin DM-Euro nach einer empirischen Studie zur Internet-Hauptstadt gekürt. Bewertet wurden Internetangebot, Nutzung und Umfeld. Dazu gehört auch das Cyberforum und die Firmen Netviewer, 1&1, WEB.DE und ka-news. 1995 gründete Matthias Greve mit seinem Bruder das Internetportal WEB.DE. Nach einem finanziellen Einbruch 2001, in dessen Folge sie Mitarbeiter entlassen und Angebote wie einen Routenplaner und einen Online-Übersetzungsservice einstellen mussten, ging es wieder aufwärts, der Umsatz stieg, neue Mitarbeiter wurden eingestellt. Heute hat WEB.DE 18 Millionen Kunden und schneidet bei Tests sehr gut ab. Seit einigen Jahren gibt es mit ka-news ein Nachrichtenmagazin für die Region mit lokalen und regionalen Meldungen, Politik, Wetter, Kultur, Umweltdaten und Kinoprogrammen.

Bereits 1983 entstand die »Technologiefabrik« als Zentrum für Existenzgründer. IHK, Universität, FH, Forschungszentrum und Fraunhofergesellschaft arbeiten zusammen, erstellen und verfeinern Unternehmenskonzepte und setzen Forschungsergebnisse in produktreife Erzeugnisse um. 1997 gründeten 40 Firmen, Institutionen und die Kommune das Cyberforum und unterstützen seither neue Firmen im Bereich Telekommunikation und Informationstechnologie: »Mehrere Hundert Firmen und Tausende Arbeitsplätze wurden bereits geschaffen – und das ohne direkte Geldförderung«, sagt Horst Zajonc vom Amt für Wirtschaftsförderung stolz.

Wichtige Forschungseinrichtungen in Karlsruhe und der Region sind die Bundesforschungsanstalt für Ernährung und Lebensmittel, drei Fraunhoferinstitute und das Forschungszentrum Karlsruhe in Leopoldshafen. Der Leiter für Biomechanik ist Claus Mattheck, der mit seinem Buch »Stupsi erklärt den Baum« ein pfiffiges Buch geschrieben (und dafür viele Preise eingeheimst) hat. Der Physiker erklärt darin die Körpersprache des Baumes und was man daraus lernen kann. Stupsi ist ein kleiner Igel mit einer Ledermütze. Mit ihm lernt man Bäume neu sehen: Auch die drücken sich aus und »kennen in ihrer Körpersprache keine Lügen.«

Alternativen

Seit den neunziger Jahren werden auch alternative Lebens- und Arbeitsformen ausprobiert. Im Gewerbehof Steinstraße schlossen sich schon 1987 Handwerker und Dienstleister für ein »selbstverwaltetes Arbeiten« zusammen: Es gibt Café und

»MIKA«

1997 gründete sich in der Kasernenanlage »Smiley Barracks« die »MieterInnenInitiative Karlsruhe Mika«. Sie baute vier Armeegebäude um und gestaltete Gärten und Spielplätze nach ihren Wünschen. Anfang 2002 wurde ein weiteres Haus zu einem Kultur- und Gemeinschaftshaus mit Kneipe umgebaut. Etwa 150 Erwachsene und 80 Kinder wohnen hier. Das Wohnprojekt hat schon mehrere Preise gewonnen.

Kantine, Kindertagesstätte und Fahrradwerkstatt, Druckerei und Töpferei, den Radiosender »Querfunk« und die Bildungs-»Wirkstatt«.

Blick in die Zukunft

Karlsruhe blickt auch in die Zukunft: Das Stadtmarketing hat den Slogan »viel vor. viel dahinter« erfunden und die größten Ortseingangsschilder der Welt für 50 000 Euro aufgestellt, die Stadt bewirbt sich als Kulturhauptstadt Europas 2010. Oberbürgermeister Heinz Fenrich plant, unter der Kaiserstraße die U-Strab zu bauen, sobald die Finanzen geklärt sind. In der Stadtentwicklung versucht man einen Schritt nach Süden, am Rondellplatz entsteht mit einem Millionenaufwand das Einkaufszentrum ECE.

Für die Planung des 300. Stadtgeburtstags wurde André Heller eingeladen. Er schlug vor, den Eingang des Stadtgartens zum Klangtor umzubauen und einen schwebenden Pavillon über dem See zu installieren, in dem Devotionalien berühmter Liebespaare ruhen. Außerdem will er Hörlauben mit Musik von Bach und Lou Reed einrichten und ein herzförmiges Heckenlabyrinth im Schlosspark bauen. Er versucht, die Menschen anzuregen, »ihre Sinnlichkeit auf kluge Weise auszubilden« und möchte die Stadt zu einem weltweit einzigartigen »Epizentrum gartenberührender Themen« machen. »Gärten sind Orte, in denen sich alle wohl fühlen«, sagt er und sieht Karlsruhe als »Weltgartenstadt«.

Ausgewählte Literatur

Asche, Susanne / Bräunche, Ernst Otto / Koch, Manfred / Schmidt, Heinz/Wagner Christina: Karlsruhe. Die Stadtgeschichte, Karlsruhe 1998 (Veröffentlichung des Karlsruher Stadtarchivs).

Asche, Susanne / Hochstrasser, Olivia: Durlach. Staufergründung, Fürstenresidenz, Bürgerstadt, Karlsruhe 1996 (Veröffentlichung des Karlsruher Stadtarchivs, Bd. 17).

Asche, Susanne / Guttmann, Barbara / Hochstrasser, Olivia / Schambach, Sigrid / Sterr, Lisa: Karlsruher Frauen 1715-1945. Eine Stadtgeschichte, Karlsruhe 1992 (Veröffentlichung des Karlsruher Stadtarchivs, Bd. 15).

Doerrschuck, Hubert / Meininger, Herbert: Stadtgeschichte und Bilddokumentation Karlsruhe, Karlsruhe 1984.

Doerrschuck, Hubert: Karlsruhe - so wie es war, Düsseldorf 1971.

Koch, Manfred: Stadtplätze in Karlsruhe, Karlsruhe 2003 (Veröffentlichung des Karlsruher Stadtarchivs, Bd. 26).

Koch, Manfred: Karlsruher Chronik. Stadtgeschichte, in Daten, Bildern, Analysen, Karlsruhe 1992 (Veröffentlichung des Karlsruher Stadtarchivs, Bd. 14).

Leiber, Gottfried: Friedrich Weinbrenner - Städtebauliches Schaffen für Karlsruhe, Karlsruhe 1996.

Schmitt, Heinz / Bräunche, Ernst Otto (Hrsg.): Alltag in Karlsruhe. Vom Lebenswandel einer Stadt durch drei Jahrhunderte, Karlsruhe 1990 (Veröffentlichung des Karlsruher Stadtarchivs, Bd. 10).

Schmitt, Heinz / Bräunche, Ernst Otto (Hrsg.): Juden in Karlsruhe - Beiträge zur Geschichte bis zur nationalsozialistischen Machtergreifung, Karlsruhe 2. Auflage 1960 (Veröffentlichung des Karlsruher Stadtarchivs, Bd. 8).

Stadt Karlsruhe, Forum für Stadtgeschichte und Kultur (Hrsg.): Blick in die Geschichte. Karlsruher stadthistorische Beiträge 1988-1993, Karlsruhe 1994.

Stadt Karlsruhe, Forum für Stadtgeschichte und Kultur (Hrsg.): Blick in die Geschichte. Karlsruher stadthistorische Beiträge 1993-1998, Karlsruhe 1998.

Stratmann-Döhler, Rosemarie / Siebenmorgen, Harald: Das Karlsruher Schloß, Karlsruhe 1996.

Werner, Josef: Hakenkreuz und Judenstern. Das Schicksal der Karlsruher Juden im Dritten Reich, Karlsruhe 1996 (Veröffentlichung des Karlsruher Stadtarchivs, Bd. 9.

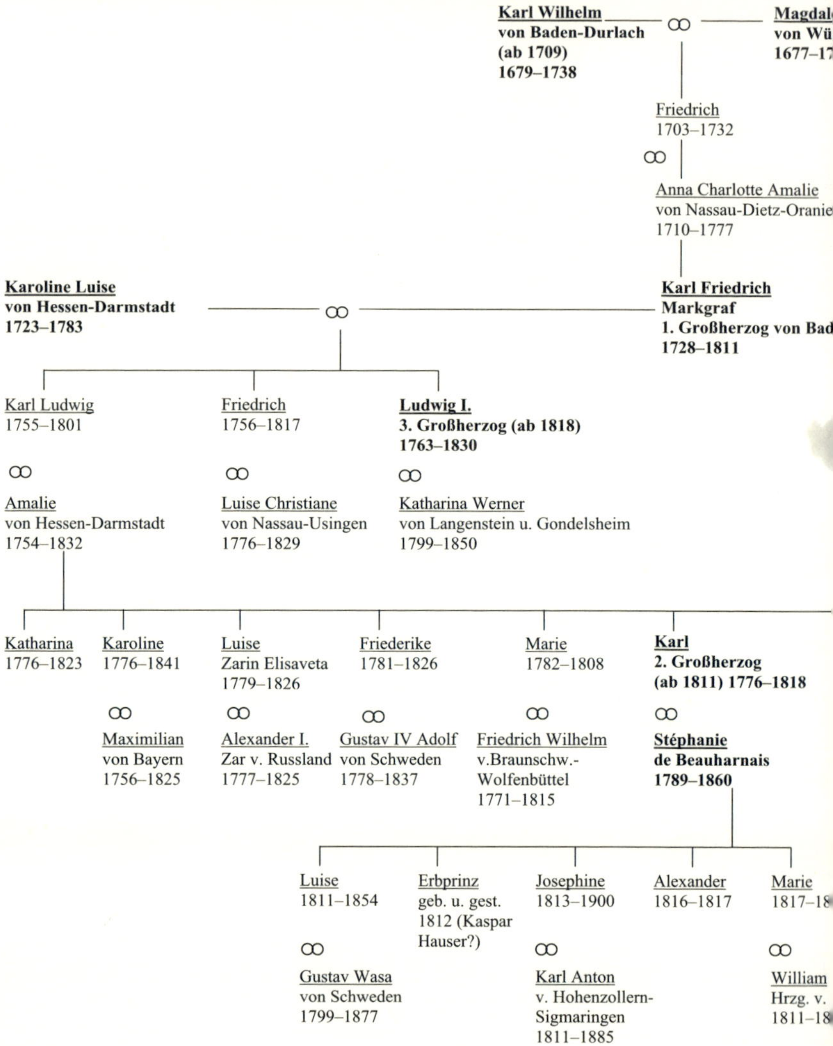
Karl Wilhelm
von Baden-Durlach
(ab 1709)
1679–1738
Magdal
von Wü
1677–17
Friedrich
1703–1732
Anna Charlotte Amalie
von Nassau-Dietz-Oranie
1710–1777
Karoline Luise
von Hessen-Darmstadt
1723–1783
Karl Friedrich
Markgraf
1. Großherzog von Bad
1728–1811
Karl Ludwig
1755–1801
Friedrich
1756–1817
Ludwig I.
3. Großherzog (ab 1818)
1763–1830
Amalie
von Hessen-Darmstadt
1754–1832
Luise Christiane
von Nassau-Usingen
1776–1829
Katharina Werner
von Langenstein u. Gondelsheim
1799–1850
Katharina
1776–1823
Karoline
1776–1841
Luise
Zarin Elisaveta
1779–1826
Friederike
1781–1826
Marie
1782–1808
Karl
2. Großherzog
(ab 1811) 1776–1818
Maximilian
von Bayern
1756–1825
Alexander I.
Zar v. Russland
1777–1825
Gustav IV Adolf
von Schweden
1778–1837
Friedrich Wilhelm
v.Braunschw.-
Wolfenbüttel
1771–1815
Stéphanie
de Beauharnais
1789–1860
Luise
1811–1854
Erbprinz
geb. u. gest.
1812 (Kaspar
Hauser?)
Josephine
1813–1900
Alexander
1816–1817
Marie
1817–18
Gustav Wasa
von Schweden
1799–1877
Karl Anton
v. Hohenzollern-
Sigmaringen
1811–1885
William
Hrzg. v.
1811–18